건강한
경제적 자유

건강한 경제적 자유

김영기, 김주성, 박근영, 이가원, 이상린, 김동현, 유민상

건강하게 경제적 자유를 확보하자!

초고령사회 기대를 낮추면 경제적 자유는 빨리 온다

서문

인간의 욕심은 끝이 없다. 100세 시대를 지혜롭게 살기 위해서는 마라톤을 한다는 생각으로 자신의 페이스를 유지하면서 작은 것에도 행복을 느낄 수 있는 철학과 태도가 필요하다.

바야흐로 대한민국 국민 대부분이 경험하지 못한 100세 시대가 도래하고 있다. 의료 기술의 발전과 더불어 환경과 위생이 좋아지고 영양가 있는 식단의 변화 덕분으로 수명이 늘어나고 있는 것이다. 이와 관련하여 100세 시대는 기존의 생활이나 관습 등과는 완전히 달라진 새로운 패러다임을 예고하고 있다.

현행법과 관습에 의해 나이에 따라 불리는 "60세 정년, 65세 노인"이라는 명칭도 이제는 바뀔 때가 된 것이 아닌가 한다. "끝날 때까지 끝난 게 아니다"라는 인생 전체를 꿰뚫어 보는 듯한 명언을 남긴 메이저리그 뉴욕 양키스의 요기 베라는 야구 역사상 최고의 포수였다. 그가 남긴 말처럼 9회 말 투아웃 상황에서 야구 경기를 역전시킬 수 있듯이 우리의 인생도 퇴직 이후 고령이 되었을 때의 후반전이 좋아야 한다.

100세 시대를 축구에 비유하면 1~50세까지가 전반전이고, 51~100세까지가 후반전이다. 축구의 승패는 전반전보다 체력이 고갈된 이후인 후반전이 중요하듯이 우리 인생에 있어서도 후반전이 전반전보다 더 중요하다고 볼 수 있다.

저출산과 고령화로 인한 한국 경제의 위기를 기회로 바꾸기 위한 새로운 패러다임의 전환이 필요하다. 이 책의 저자들은 대한민국이 고령사회에서 초고령사회로 넘어가는 길목에서 경제적 자유에 대하여 방향성을 제시하였다.

대부분의 사람들이 취업 후 통상 50~60대에 은퇴하게 되는데 어떻게 하면 경제적 자유를 얻을 수 있을까?

우선 일정 금액 이상 연금을 확보해 두는 것이 가장 중요하다. 공무원, 교사, 군인 등은 정상적으로 30년 이상 근무하고 퇴직한다면 어느 정도 생활에 필요한 연금이 확보될 것이다. 일반 직장인의 경우 국민연금을 최대한으로 수급할 수 있도록 하고, 부족할 것으로 예상되면 퇴직연금, 개인연금으로 이를 보완하고, 그것도 부족하면 주택연금 또는 농지연금 등으로 연금을 탄탄하게 준비하여 경제적 자유를 얻는 것이 매우 중요하다. 추가적으로 연금처럼 보장된 것은 아니지만 급여는 적더라도 고정적인 월급을 받는 일자리나 지속적으로 돈이 들어올 수 있는 인세나 로얄티 등을 받을 수 있는 플랫폼 사업 등을 확보해 놓는다면 경제적 자유를 달성하는 데 크게 도움이 될 것이다.

경제적 자유를 확보하고 일자리나 일거리가 주어져도 신체적 건강이 뒷받침되지 않으면 아무것도 할 수가 없다. 은퇴 이후 시간이 많아도 신체적 건강이 따라 주지 않으면 국내 및 해외여행도 할 수 없는 것이다. 건강을 잃으면 모든 것을 잃는다는 말이 있듯이 젊은 시절부터 건강 관리를 잘하는 것이 바람직하다. 그렇지만 살아내기가 바빠서 미처 건강 관리를 못 하고 중년이나 노년을 맞이하게 되었다 하더라도 지금부터 신체 건강을 위해 운동을 하면 되는 것이다.

노후에 신체적 건강도 중요하지만 정신적 건강도 못지않게 중요하다. 보건복지부 중앙치매센터에 따르면, 2019년 기준 78만 8,000명인 65세 이상 치매 인구는 2050년 302만 3,000명까지 증가할 것으로 추정된다고 한다. 치매나 알츠하이머병은 굳이 설명하지 않아도 알겠지만, 일단 발병이 되면 온 가족을 힘들게 하고 무엇보다도 본인의 소중한 기억들을 모두 잃어버리는 무서운 질병이다. 요양병원에 가서 죽음만 기다리고 있는 치매인 분들을 떠올려 보라. 정신건강을 잃어버리면 모든 것을 잃어버리는 것과 같다. 고령화사회는 치매 환자의 급증을 통계에서 예고하고 있다. 미리미리 이런 상황에 대비하여 준비하지 않으면 누구도 예외는 없다.

정신적 건강을 유지하기 위해서는 책을 읽고 공부를 계속하는 것이 좋은 방법이며 공부가 하기 싫을 경우, 글쓰기를 권하고 싶다. 또한, 가급적 많이 웃는 것이 좋다. 반드시 실천하자!

2024. 5. 20.
대표저자 김영기 외 6명 dream

CONTENTS

서문 004

1장 김영기
건강하게 경제적 자유를 확보하자

1. 기자의 객관적 시선으로 본 김영기 인터뷰 012 ǀ 2. 경제적 자유를 위해 비즈니스 닥터를 추구하다 019 ǀ 3. 기대를 낮추면 경제적 자유는 빨리 온다 034 ǀ 4. 경제적 자유보다 더 중요한 신체적·정신적 건강 042

2장 김주성
40대에 준비해야 할 건강한 경제적 자유

1. 들어가며 054 ǀ 2. 건강한 경제적 자유란? 055 ǀ 3. 경제적 자유를 누리는 기본 원리 3가지 058 ǀ 4. 건강 073 ǀ 5. 잘 배우기 위해 필요한 것 080 ǀ 6. 40대가 준비해야 할 경제적 자유와 해결할 일들 082

3장 박근영
마음이 이끄는 경제적 자유(생각, 믿음, 열망)

1. 들어가며 090 ǀ 2. 경제적 자유와 파이어족 090 ǀ 3. 그 많던 파이어족은 어디로 갔을까? 092 ǀ 4. 경제적 자유를 달성하기 위한 조건 094 ǀ 5. 마치며 101

4장 이가원
파이어족과 경제적 자유

1. 경제적 자유를 통한 파이어족 되기 106 | 2. 파이어족의 설계 110 | 3. 깨달음만 으로 변화를 기대하지 말 것 114 | 4. 한 번뿐인 인생, 주도적으로 사는 파이어족이 되어라 117

5장 이상린
10년 내 경제적 자유를 달성하기 위한 나의 플랜

1. 10년 안에 경제적 자유를 꿈꾸는 필자 122 | 2. 꿈을 깨운 한 마디, 경제적 자유 라는 선물 124 | 3. 파이어족 그리고 경제적 자유 126 | 4. 경영컨설팅 개인사업, 나 만의 길을 만들다 131 | 5. 10년 내 경제적 자유 달성을 위한 나의 플랜 134 | 6. 희 망과 용기를 나누다 141

6장 김동현
건강한 경제적 자유와 프로 N잡러의 시나리오

1. 데이터로 보는 N잡러 148 | 2. 파이어족과 N잡러 151 | 3. 자동화 수익을 위한 첫 걸음 154 | 4. 내가 잠든 사이 166 | 5. 돈이 일하게 하리 169

7장 유민상
자율주행 기업에서의 나의 경제적 자유

1. 경제적 자유를 가져올 자율주행 기업 선택 178 | 2. 자율주행 자동차가 가져올 미래 경제적 변화 179 | 3. 자율주행 기업들의 현황과 나의 경제적 자유 188 | 4. 우 리의 삶은 어떻게 변화할 것인가? 194 | 5. 초고령사회와 사회 문제 199 | 6. 자율 주행이 만들어 갈 미래 201 | 7. 자율주행 자동차의 일자리 전망 206

건강하게
경제적 자유를 확보하자

김영기

1. 기자의 객관적 시선으로 본 김영기 인터뷰

▶ 고급 인력 컨설팅하는 일자리 박사(Job Doctor) 김영기 대표

"비즈니스 닥터(BD)*에서 일자리 분야의 Dr. 슈바이처로."

"수많은 실패가 에너지의 원동력이 됐습니다."

"가장 힘들었던 시기, 제자들과 만든 컨설팅 회사가 다시 일어설 수 있는 힘을 줬습니다."

＊ 비즈니스 닥터: 기업의 병을 진단하고 문제를 해결하는 경영지도사를 일컫는 말

17년간 대학교수로 10,000명 이상의 학생들을 가르친 김영기 브레인플랫폼 대표(63세)는 MZ세대들이 선망하는 N잡러로 급여를 받는 곳이 10여 곳에 달한다. ESG경영, 메타버스, AI 등 4차 산업혁명 시대 발빠르게 변하는 트렌드를 다룬 책 64권을 펴낸 저자이기도 하다. 가만히 앉아있어도 돈이 들어오는 '경제적 자유'를 이룬 데다 미국 캐롤라인대학교 경영학과 교수이면서, 공공기관 면접관 등 고급 인력을 컨설팅하는 기관인 KCA브레인플랫폼(주)의 대표이사와 한국신중년중앙회 일자리특별위원회 의장 겸 위원장으로 신중년일자리플랫폼 네이버카페 약 8,000명을 비롯하여 약 2만 3,000명에게 SNS 등으로 14년째 매일매일 무료 일자리 정보를 제공하고 있다. 전국적으로 N잡러 센터를 구축했고, 고용노동부 등과 신중년 일자리를 돕는 한국신중년중앙회 일자리

특별위원회를 맡아 책임지고 있다.

김 대표는 경영지도사(Business Doctor)로 활동하면서 경영지도사 양성에도 동시에 힘써 경영지도사 약 300명, 공공기관 면접관 약 1,400명, 창업지도사 약 300명 등을 길러냈다. 국민건강공단, 수출입은행, 국방과학연구소 등의 공공기관 면접관을 300회 넘게 경험한 면접관이자 면접관 양성 등 퇴직한 신중년들의 일자리 전문 컨설턴트다. 현재 (사)한국중장년고용협회 HR 정책기획 본부장 등을 맡고 있는데 경력과 직함을 정리해서 소개하기 어려울 정도로 다양한 이력을 소유한 전문가다.

PR 전문가로 12년 넘게 일했고 매사에 적극적인데 본인을 PR하는 데는 관심이 없는 데다 이미 박사이자 교수인데도 끊임없이 공부하고 있다. 그는 박사 학위 수료를 3번 했지만, 방송대 생활체육지도과 3학년 학생으로 편입학 합격했다는 합격증을 올리며 자랑스러워하는 '평생교육인'이다. 현재는 이순국 운동생리학박사를 멘토로 운동생리학과 의학 공부를 준비하고 있다.

▸ **어떤 커리어를 갖고 있으신가요?**

1988년 매일경제신문사에서 근무하다가 1990년부터 우방그룹 기획비서실에서 10년 동안 근무하며 언론 홍보 등에서 인정을 받았습니다. 이후 IMF로 회사가 어려워지면서 2000년에 기자들과 함께 직접 PR 회사를 만들어 12년간 운영했습니다. IR과 홍보마케팅을 담당했는데

EPSON, 한국토지신탁 등 유명 기업 홍보를 담당할 정도로 전문 역량을 인정받았으나 인건비 등 지출이 커서 큰돈은 벌지 못했습니다. PR 회사를 운영하면서도 세종대 광고홍보실무론, 중앙대 마케팅원론 등을 강의하며 가르치고 공부하는 일을 멈추지 않았습니다. 현재 캐롤라인 대학교 경영학과 교수로 재직 중이며 지금까지 총 17년간 대학 강의를 하고 있습니다. 2010년부터 경영지도사 네이버 카페를 만들어 10년간 300명에게 경영지도사 합격 노하우를 강의했습니다. 이때부터 사실상 일자리 컨설팅을 시작하게 된 것이었습니다.

▶ 좌절하거나 포기하고 싶을 때는 없었나요?

2012년 2월 프레스센터 국제회의실에서 스마트한국당을 창당하고 친박연합당과 합당하여 19대 국회의원 선거에 친박연합당 강남갑 공천을 받았습니다. 예비후보자로 등록, 선거운동을 하다가 여론조사 결과가 좋지 않아 본 등록 전 선거를 포기했고, 엎친 데 덮친 격으로 사업까지 어려움을 겪으면서 죽음까지 생각했었습니다. 당시 저는 50대 초반으로 슬하에 3명의 자녀를 두고 있었습니다.

PR Agency를 운영하면서 3억 원 이상의 미수 채권으로 심각한 자금난을 겪었고, 절망에 빠져 죽음까지 생각했을 때 제가 경영지도사 교육으로 키워냈던 대기업 출신 제자들이 제게 큰 힘이 되어주었습니다. 그때 제자 2명과 함께 한국비즈컨설팅(주)이라는 컨설팅 회사를 만들었습니다. 그 이후 커리어 컨설턴트로 중장년 일자리를 중개하며 제자를 억대 연봉을 받는 컨설턴트로 성장시키는 등 큰 위기의 순간 기사회생하며 인생 최고의 시간을 보냈습니다. 컨설팅 분야에는 저보다 훨씬 경력이 많아서 잘되는 분들이 많았지만 포기하지 않고 계속 노력했습니다.

▶ **커리어 컨설던트라는 직업에 종사하게 된 계기가 있으실까요?**

2010년쯤 미국에서는 글로벌 컨설팅 그룹인 딜로이트, 맥킨지 등에서 MBA 출신들이 이미 직업 컨설팅을 하고 있던 시절, 우리나라는 아직 정착되지 않은 상황이었고 이제 막 한양대 등에 컨설팅 학과가 생겨나고 있었습니다. 인생 2막을 준비하면서 저와 비슷한 어려움에 있는 사람들과 함께 일자리 정보를 공유하고 일자리 만드는 방법을 함께 연구해야겠다고 생각했습니다. 이를 위해 40대 후반까지 박사학위와 국가가 인정하는 유일한 컨설턴트 자격증인 경영지도사 자격증을 취득했습니다. '컨설턴트'라는 직업이 미래에 홀로서기 할 수 있는 직업인 동시에 그동안 경험을 살려 다른 사람들에게 자문도 하고 일자리 제공에 도움이 될 수 있는 직업이라고 생각했기 때문입니다.

▶ 남들보다 미래를 앞서 보고 스스로 길을 직접 만들어 가는 분 같습니다. 힘든 길을 어떤 마음으로 개척해 가시나요?

저는 개척정신이 강한 것 같습니다. 창직 활동을 통하여 없던 직업을 만드는 것을 좋아합니다. 창의적인 DNA가 있는 듯하고 남의 길을 따라가는 것보다 새로운 길을 개척하는 것을 선천적으로 좋아하는 것 같습니다. 그래서 다른 사람들보다 실패를 몇 배 많이 했던 것 같습니다. 저는 젊었을 때부터 리더형이었던 것 같습니다. 제가 대장이 되어야 힘이 나고 남 밑에 있으면 왠지 열심히 하지 않게 되었습니다. 그래서 그런지 대학과 ROTC 시절에도 연대 간부를 했고, 장교로 군 복무를 했습니다. 그리고 직장생활을 10년 근무하고 바로 창업을 한 것입니다.

▶ 시련이 있으실 때 극복하는 원동력이 있으신가요?

힘든 시절이 있었지만 물러설 곳이 없으니 다시 시작하고자 끊임없이 도전하고 열정적으로 최선을 다하는 모습을 보이기 시작했는데,《맹자(孟子)》에 나오는 "하늘은 큰 사람을 만들기 위해서 엄청난 시련을 준다(天將降大任於斯人也)"라는 철학과 KFC 창업주 커넬 샌더스의 1,008번 거절과 실패를 1,009번째 성공으로 KFC 1호점의 탄생과 대성공을 거든 극복한 사례가 저에게는 큰 힘이 되었습니다. 그래서 제가 중앙대에서 6년 동안 마케팅원론을 가르칠 때 항상 첫 시간에 샌더스 관련 7분짜리 동영상을 학생들과 함께 시청하면서 어려움을 극복했던 것 같습니다.

天將降大任於斯人也(천장강대임어사인야)인데
하늘이 장차 큰 임무를 사람에게 내리려 하면

必先勞其心志(필선노기심지)하고
반드시 먼저 그 마음과 뜻을 괴롭히고

苦其筋骨(고기근골)하고
뼈마디가 꺾어지는 고난을 당하게 하며

餓其體膚(아기체부)하고
그 몸과 살을 굶주리게 하고,

窮乏其身行(궁핍기신행)하여
그 생활을 빈궁에 빠뜨려

拂亂其所爲(불란기소위)하나니
하는 일마다 어지럽게 하나니

是故(시고)는 動心忍性(동심인성)하여
이는 그의 마음을 두들겨서 참을성을 길러 주어

增益其所不能(증익기소불능)이니라
지금까지 할 수 없었던 일도 할 수 있게 하기 위함이니라.

— 《맹자》〈고자장구(告子章句)〉 下 15장

무모한 도전을 많기 했기 때문에 실패도 많이 했는데 그것 또한 인생 2막에는 큰 자산이자 원동력이 되었던 것 같습니다. "실패를 두려워하지 말고 자산으로 즐기자"는 것이 제 좌우명입니다.

▶ 경제적 자유를 이루셨다면 이제는 쉬어야겠다고 생각하실 법도 한데, 끊임없이 배우고 노력하시는 것 같습니다. 그 에너지의 원동력은 무엇일까요?

시대가 100세 시대로 바뀌고 인생 전반전(1~50세)의 수많은 실패가 에너지의 원동력이 되었던 것 같습니다. 현재 저는 60대 초반으로, 제1의 국내 멘토이신 김형석 교수님은 저서 《100세를 살아보니》에서 "인생 최고의 황금기가 60~75세이다"라고 말씀하셨는데, 저는 인생 최고의 황금기를 60~80대로 생각하고 있습니다. 저는 이제야 제 인생 최고의 황금기를 맞이했고 인생 2막을 시작하고 있습니다.

에너지가 넘칠 수밖에 없습니다. 저는 '평생공부, 평생현역'을 지향합니다. 5-5-5-100(학사과정 5번, 석사과정 5번, 박사과정 5번, 종이책 100권 출간)을 꿈꿉니다. 저의 꿈은 현재진행형으로 학사과정 4번째 재학 중이고, 석사과정 2번, 박사과정 3번, 그리고 64권의 책을 출간했습니다.

▶ 미래에 이루고 싶은 꿈이 있으신가요?

단기적으로는 이순국 운동생리학자를 본받아 건강지도사로 활동할 예정입니다. 제 인생의 목표는 이 땅의 신중년들을 위한 대학교를 설립하는 것입니다. 박사학위 5개를 보유한 슈바이처 박사가 아프리카에서 인술을 베풀다 세상을 떠났다는 것을 보고 감동한 후 그를 제1의 해외 멘토로 삼았고, 기업을 일으켜 100억 원을 모아 재단에 출연해 한국의 유니세프를 만들겠다는 꿈을 꾸고 있습니다. 2007년부터 소년소녀가장 돕기 NGO인 〈작은사랑실천운동시민연합〉의 상임대표 겸 중앙회장을 맡아 활동했으나 최근에는 제대로 활동하지 못하고 있습니다.

Tips for you

신중년이라면? 고용노동부 산하 노사발전재단에서 운영하는 전국 31개의 '중장년 내일센터'의 도움을 받을 수 있다. 만 40세 이상 중장년의 평생 현역 활동을 위한 재직 중에 평생 현역 활동을 준비할 수 있는 생애경력설계서비스, 퇴직 예정자를 위한 전직 스쿨 프로그램, 퇴직 이후 재취업을 위한 재도약 프로그램 등 종합 서비스를 무료로 제공하고 있다.

그 밖에도 지난해 10월 출범한 고용노동부 산하 법인인 한국신중년중앙회 일자리특별위원회의 도움을 받을 수 있다. (출처: www.s1004.org)

* 상기 자료는 한국방송통신대 출판문화원 KNU위클리 및 방통대학보의 기사 내용을 바탕으로 작성되었습니다.

---

2. 경제적 자유를 위해 비즈니스 닥터를 추구하다

이 내용은 필자가 19대 국회의원 선거를 위해 출판기념회 및 홍보

용으로 쓴 공저인《성공을 위한 리허설》의 1장 '비즈니스 닥터의 길'을 바탕으로 현재 시점에 맞게 재편집한 것입니다.

▶ **불우한 어린 시절, 한국의 슈바이처를 꿈꾸며**

태어날 때부터 대학 졸업 때까지 셋방살이로 이집 저집 옮겨 다니면서 살아온 저는 유난히 집에 대한 한이 많았습니다. 저는 어려운 집안 형편 때문에 초등학교 때에는 우산 장사, 중학교 시절에는 프레스공 등의 험한 일을 해야 했습니다. 집에는 쌀이 없어서 국수를 뜨거운 물에 불렸다가 건져 먹기 일쑤였으며, 도시락을 싸갈 형편이 되지 않아 학교 수도꼭지를 붙잡고 물배를 채우며 점심을 해결했습니다. 빨리 돈을 벌어 어머님의 고생을 덜어주겠다는 일념으로, 공업고등학교에 진학했습니다. 돈이 없어 많은 설움도 당했습니다. 대학교 합격에도 불구하고 첫 학기 등록금이 없어 큰집에 보증을 서달라고 찾아갔다가 거절당했던 마음의 상처는 지금껏 아픈 기억으로 남아있습니다. 결국, 학자금 융자제도를 통해 어렵게 대학에 갈 수 있었습니다. 대학 1학기 등록금을 해결하고 나니 자연히 나머지 7학기는 장학금을 타도록 노력할 수밖에 없었습니다. 이는 스스로의 삶을 주도하는 자생력을 기르는 계기가 되었습니다. 또한, 군 문제 해결과 취업 걱정 끝에 ROTC 사관학교인 '117 ROTC'에 지원하여 국가관 및 혹독한 군사훈련을 받았습니다. 힘들기도 했지만 좋은 사람들과 함께할 수 있는 값진 경험이었고 아랫사람들을 다루는 좋은 경험들을 축적할 수 있는 계기가 되었습니다. 그때의 경험들은 지금껏 인생에 소중한 도움이 되고 있습니다.

이렇게 어려운 과정을 거친 저는 항상 '나중에 내가 커서 돈을 벌면 불우한 환경의 어린이를 도와야겠다'고 곱씹었습니다. 나 자신이 그 설움을 잘 알고, 그 어려움을 이해하기 때문이었습니다. 대학원 시절 어느 날, 우연히 슈바이처가 5개의 박사학위를 가지고 있었으며 아프리카에서 인술을 베풀며 보람된 삶을 보냈다는 사실을 알았습니다. 이에 감동한 저는 그 순간 슈바이처 박사를 제 삶의 멘토로 삼게 되었습니다. 그의 인생 가치관에 관심을 가지게 되었고, 향후 기업을 일으켜 100억 원을 모아 재단에 출연하여 한국의 유니세프를 만들겠다는 원대한 꿈은 그때부터 시작되었습니다.

▶ **지방공고를 나왔지만 교수의 꿈으로 박사가 되다**

'경영지도사 김영기 박사' 가족사진(2010년)

저는 부산에서 부산전자공고 통신설비학과를 다니면서 이과, 공학 계통이 저의 적성에 맞지 않는다는 것을 깨닫게 되었습니다. 그 당시 국내 산업 측면에서 전자통신 분야는 도입기에 해당했기 때문에, 일단 졸업만 하면 무조건 전화국(지금의 KT)에 취업할 수 있었습니다. 하지만 저는 그러한 좋은 기회를 떠나, 대학에 도전해 보겠다는 생각을 했습니다. 이때 저에게 영향을 준 친구들은 부산 서면교회 친구들이었습니다. 모두가 교회 다락방에서 성경 공부와 대학 입시 공부를 병행하는 것을 보고, 문득 나도 저렇게 해봐야겠다는 도전의식이 생겼습니다. 그런데 중학교 시절에도 뒤에서 맴도는 성적이었고, 고등학교 시절에는 학교 특성상 기능적인 실습수업에 치중하다 보니 자연히 공부의 기초가 약했고, 결국 대학 입시 공부는 무리였는지 낙방하고 말았습니다. 결과적으로 저는 3수를 한 다음에야 겨우 대학에 들어갈 수 있었습니다. 3수 끝에 들어간 대학에서 저는 참으로 많은 것을 경험했습니다. 다양한 문화와 캠퍼스를 접하면서 꿈이 커진 저는 어느덧 대학교수라는 실현 불가능할 것 같은 꿈을 꾸게 되었습니다. 말 그대로 그저 꿈이었습니다.

스스로 생각하기에 머리가 썩 좋지 않은 것 같았고, 집에 돈도 없어 박사학위를 얻는 것은 사실상 불가능했습니다. 그럼에도 불구하고 저는 박사학위를 취득하여 교수의 꿈을 이루겠다며 "내 꿈은 나이 40에 박사가 되어 교수가 되는 것"이라고 허풍을 치고 다녔습니다. 친구들은 "저놈은 원래 허풍이 센 놈이야!" 하고 저에 대해 좋지 않은 평가를 했던 기억이 있습니다. 이후 저는 매일경제신문 광고국에 첫 입사를 하게 되었습니다. 대부분의 편집국 기자들이 소위 말하는 SKY대학 출신들이고, 그들과 함께 일하면서 저 자신이 초라해 보이기 시작했습니다. 그래서 언론사 재직자들에게 장학금을 1/2 지원해 주는 제도를 활용해 동국대 언론대학원 신문방송학과에 입학했습니다. 주경야독하면서 겨우 석사학위를 받을 즈음 되었을 때 저는 3명의 자녀와 부모님을 책임져야 했습니다. 그러다 보니 자식들 교육비와 생활비도 빠듯하여 차마 많은 비용이 들어가는 박사과정을 밟을 수가 없었습니다. 40까지 박사학위를 취득하겠다던 꿈은 그렇게 잠시 접어둬야 했습니다. 그러다가 저는 이 이루지 못한 꿈에 대해 아쉬움이 계속 남아, 한참의 시간이 흐른 2006년도에서야 박사과정에 도전하여 2009년 2월. 그렇게 꿈에 그리던 박사학위를 받게 되었습니다. 이때 제 나이 48세. 비록 8년이라는 시간이 지나긴 했지만 스스로에게 했던 약속을 지키게 된 것입니다. 너무나 기뻤습니다. 그때부터 시간강사부터 겸임교수, 주임교수 등 제도권 내의 저명한 교수는 아니지만, 박사와 교수의 꿈을 이루게 되었습니다.

저는 하나의 꿈을 이루고서 이제 또 다른 꿈과 목표를 향해가고 있습니다. 슈바이처 박사처럼 박사학위 5개는 받지 못하더라도 사회복지학 박사학위와 경영학 박사학위 등 3개 이상의 박사학위를 추가로 받는 것이 2012년부터의 새로운 꿈과 목표로 설정한 것입니다. 이렇게 시작된 제 인생 후반의 첫 출발은 바로 경영지도사라는 자격증을 만나면서부터 시작되었습니다.

▶ **경영지도사 자격증을 취득하고 바뀐 인생 후반전, 그 첫 출발은 기업계의 슈바이처가 되는 일**

경영지도사(經營指導士, CMC: Certified Management Consultant)는 사전적

의미로 "경영합리화를 위해 경영 진단이라는 조사 방법에 의거, 객관적인 입장에서 대상 기업을 엄밀히 조사·분석하여 기업적인 질환의 원인을 발견하고 그에 대한 합리적인 대책을 제공하는 사람"을 말합니다.

경영지도사는 흔히 '비즈니스 닥터(Business Doctor)'라고도 하는데 병원에서 의사가 환자를 진료하는 과정처럼 기업 경영에 문제가 생겼을 때 혹은 기업을 성장시키기 위해 기업의 문제점을 진단하고 그에 대한 해결 방안을 제시하는 전문 컨설턴트라고 할 수 있습니다. 국내에서는 〈중소기업진흥 및 제품구매촉진에 관한 법률 제47조(현재는 경영지도사 및 기술지도사에 관한 법률)〉에 의거하여 중소기업 경영 문제에 대한 종합 진단(경영컨설팅)과 마케팅 관리, 재무 관리 및 회계, 인사 관리 및 수출입 업무 등 마케팅 평가, 확인, 대행 등 법적 기능을 수행하는 국가공인 자격증으로 최근 관심을 모으고 있기도 합니다. 지금은 경영지도사 및 기술지도사에 관한 법률이 제정되어 있습니다.

경영지도사 자격증을 취득하기 위해서는 한국산업인력공단에서 매년 1회씩 치르는 1, 2차 시험에 합격해야 하며, 1차 시험은 경영학, 회계학, 조사방법론, 기업진단론, 중소기업 법령, 영어 6과목을 객관식 5지 선다형으로 과목당 40문항씩 출제되어 평균 60점 이상 되어야 합격이고, 2차 시험은 부문별(마케팅, 재무, 인적자원, 생산)로 3과목씩 치러지는 서술(논술)형 시험으로 과목당 최소 40점 이상, 평균 60점 이상이면 합격할 수 있습니다.

서울벤처대학원대학교에서 경영지도사를 교육하고 있는 필자(2010년)

경영지도사 자격증을 취득하게 되면 일반직 공무원(행정, 세무, 교육, 행정, 사회복지, 기업행정)의 경우, 가점 대상이 되며 대학에서 경영학을 공부하는 학생들에게는 45학점이 A등급으로 인정되는 혜택이 있습니다. 또한, ROTC 임관대상자가 경영지도사의 자격을 취득한 경우 경리장교로 임관할 수 있습니다. 충분한 실무 경험을 갖춘 지도사의 경우, 개인 컨설팅 회사 설립이 가능하다는 점과 인사고과와 특별 수당을 지급하는 기업들이 증가하면서 경영지도사 자격증이 더욱 주목받고 있습니다.

그러나 이렇게 중요한 경영지도사들의 활동 영역인 대한민국 컨설팅 시장의 약 93%가 외국계 컨설팅 업계에 의해 잠식되어 있다는 것은 충격이 아닐 수 없습니다. 가장 큰 문제점은 컨설팅 시장 자체를 빼앗기는 것보다 우리 대한민국 기업의 주요 정보가 외국인들의 손에 넘어가 국부 유출이 심각하다는 것입니다.

그러므로 막연히 경영지도사 자격증을 취득해서 취업 혹은 창업에 활용하겠다는 생각보다는 말 그대로 비즈니스 닥터가 되어 대한민국의 중소기업을 살리고 발전시키는 경영 컨설턴트가 되겠다는 비전과 사명감을 가져야 합니다.

저는 호서대재단 서울벤처대학원대학교에서 국내 대학 최초로 경영지도사 과정을 개설해 23기까지 300여 명의 제자를 양성했습니다.

▶ '비즈니스 닥터'의 선결 요건 – 개인 브랜드 신뢰도를 높여라

국가공인 자격증인 경영지도사는 퇴직 후에 나이가 들면 들수록 더욱 진가를 발휘하기 때문에 향후 100세 시대를 맞이한 맞춤 직업으로 손꼽히는 자격증입니다. 때문에 최근에는 비즈니스 닥터가 되기 위한 직장인, 대학생들의 응시가 많이 늘어나고 있습니다. 과거 경영지도사 자격증을 취득한 이들은 각자의 목적과 취향에 따라 여러 부류로 갈렸습니다. 소위 좋은 직장에 다니면서 보험 성격으로 자격증만 따놓는 사

람들이 있는가 하면, 자격증을 따놓고서도 무엇을 해야 할지 몰라서 엄두를 내지 못하는 사람들도 있었고, 자격증을 제대로 활용해 억대 연봉을 받는 컨설턴트가 된 사람들도 있습니다.

유명무실한 자격증 활용에 고심한 한국산업인력공단에서는 '공인경영지도사' 2007년도(제22회) 시험부터 정부의 국가고시 시험 주관처인 한국산업인력공단에서 시험 관리를 강화하고 현행 과목인 1차 공통 6과목과 2차 분야별 3과목씩 시험을 치르게 재정비했습니다. 이로써 명실상부한 국가공인 자격증으로 자리매김하게 된 것입니다.

그런데도 국가공인 1급 자격증인 공인경영지도사 자격증은 똑같은 레벨에 있는 변호사, 변리사, 공인회계사, 세무사, 공인노무사에 비하여 아직 인지도도 약하고 신뢰도도 약한 것이 사실입니다.

브랜드 마케팅을 공부하고 박사학위를 받은 저조차도 이 자격증이 있다는 사실을 13년 전에야 알았으니 이 자격증의 브랜드 정체성, 브랜드 인지도, 브랜드 신뢰도, 나아가서는 브랜드 프리미엄과 가치가 아직 미약하다고 볼 수 있습니다.

그러나 반대로 뒤집어 생각해 보면, 현재 잘 알려지지 않은 국가공인 자격증이지만 앞으로 국가공인 1급 자격증으로서 명확한 포지셔닝과 법적, 제도적 뒷받침이 동반해 준다면 소위 말하는 의사, 변호사, 공인회계사들을 일컫는 '사'자 직업의 반열에 올라서는 것은 시간문제라고 생각합니다.

인체의 병을 진단하고 치료의 방향을 제시하는 병원의 의사와 비교해서 우리 경영지도사는 기업의 병을 진단하고 문제점을 해결할 수 있는 방향을 제시한다는 측면에서 이와 흡사한 '비즈니스 닥터'라고 할 수 있습니다. 우리는 이에 자부심을 가져야 합니다.

하지만 의사와 비교해서 17,000명이라는 경영지도사, 기술지도사분들이 병원 의사들과 같이 계속적인 수많은 공부와 노력을 했느냐 하고 물었을 때 떳떳하게 그랬다고 답할 경영지도사들이 얼마나 있을까 하는 의문이 있는 것도 현실적인 문제 중 하나입니다. 물론 자격이 부족한 선배들이 있는 반면에 억대 연봉을 받으면서 경영컨설턴트로서 자리를 확실하게 잡아가고 있는 지도사들도 일부 있는 것으로 알고 있습니다.

하지만 전체적으로 볼 때 아직까지는 컨설턴트로서 갖추어야 할 기본 자질과 요건을 갖추지 못하고 그저 국가공인 자격증만 취득해 경영컨설팅 시장에 진입하는 지도사들이 많아 안타까울 따름입니다. 따라서 엄격한 자격증 제도도 중요하지만 체계적인 교육 제도와 컨설팅 시장에서의 실무 역량이 더욱 중요할 것으로 생각됩니다.

다소 늦긴 했지만 현재 정부에서 4개 대학에 지원하고 있는 경영컨설팅학과 석박사전문 인력 양성은 올바른 일이라 생각합니다. 앞으로는 각 대학의 경영컨설팅학과 신설과 경영전문대학원 MBA 과정에도 경영컨설팅학과가 신설되기를 희망하고 있습니다.

2010년도 기준 5조 원대의 컨설팅 시장에서 93%를 외국계 컨설팅사에 빼앗기면서 막대한 국부 유출이 되고 있는 현실에서 우리가 해야 할 일과 방향은 이미 정해져 있는 것입니다. 따라서 우리 경영지도사들과 앞으로 경영컨설턴트를 지망하고 있는 예비 컨설턴트들은 외국계 컨설팅사들의 컨설턴트와 경쟁하기 위해서 어떠한 역량체계를 갖출 것인지에 대하여 진지하게 고민해야 하는 것이 미래의 아젠다(Agenda)라고 할 수 있습니다.

선진 컨설팅 기법의 벤치마킹, 계속적인 학문 연구, 한국 상황에 맞는 컨설팅 모델 연구, 지속적인 기업 연구 등 많은 노력을 계속해야 하겠지만, 가장 중요한 것은 각 개인의 '브랜드 신뢰도'를 구축하는 것이라고 생각합니다. 컨설팅 서비스라는 것은 '컨설팅결과보고서'라는 것으로 귀결되겠지만, 사실은 컨설팅 과정 중에 일어나는 수많은 대화와 관계 속에서 기업의 문제점을 찾아내고 해결 방향을 함께 모색하는 것이라 할 수 있습니다. 때문에 컨설턴트가 믿음이 가지 않는다든가 무언가 신뢰성이 없어 보인다면 제대로 된 경영컨설팅이 이루어질 수 없는 것입니다.

기업경영이란 종합응용과학이자 종합예술로, 현실적인 효율성과 효과성을 생명으로 하는 유기체와 같은 특수 업무입니다. 특히 주로 상대하는 중소벤처기업 사장님들은 그 분야에서 목숨을 내놓고 일을 하는 '만물박사'들인데, 업종·업태의 깊이와 전문성 위주로 접근했다가는 백전백패일 수밖에 없습니다.

따라서 우리가 병원에 가면 문진표를 작성하고 각종 검사를 하고 난 이후 의사와 상담하면서 병을 찾아내듯이 기업의 컨설팅도 먼저 인간(직원)에 대한 이해, 시장에 대한 이해 등 산업심리학적인 접근 방법이 중요할 것이며, 그를 위해서는 무엇보다도 컨설턴트 자체의 신뢰성이 갖춰져야만 제대로 된 컨설팅을 진행할 수 있다고 봅니다.

이 신뢰성은 하루아침에 이루어지는 것이 아닙니다. 신뢰를 쌓는 방법에는 자기 관리의 습관화, 약속은 반드시 지키기, 매력적이고 깔끔한 외모, 믿음이 가는 언변, 따뜻한 인간미, 정확한 끝맺음 등 자신의 마음 관리, 행동 관리, 언행 일치성 관리, 시간 관리 등 많은 요인들이 있습니다.

결론적으로 제가 말씀드리고 싶은 것은 비즈니스 닥터가 갖추어야 할 가장 중요한 덕목은 바로 자신의 '브랜드 신뢰도(Brand Trust)'라는 것입니다.

제가 브랜드 신뢰도라는 화두를 던지는 것은 경영지도사 시험에 합격하는 것도 중요하지만 제대로 된 진짜배기 컨설턴트가 활동하기 위한 무대를 만들어야 하기 때문입니다.

우리가 슈바이처라는 개인 브랜드를 좋게 기억하듯이 인생 성공의 핵심 가치는 개인 브랜드 신뢰도를 높이는 것입니다.

저의 석사, 박사과정 전공은 브랜드 마케팅입니다. 브랜드 마케팅의 대가 미국의 아커(Aaker. D. A.) 교수와 켈러(Keller. K. H.) 교수를 연구하다 보니 브랜드 신뢰도에 대한 연구 발표가 빠져있었습니다. 그래서 저는 '우리 한국사회가 과연 신뢰할 수 있는 사회인가?'라는 문제를 제기하면서부터 브랜드 신뢰도를 연구하기 시작했습니다.

저는 2006년도 박사과정 동안 브랜드 마케팅을 연구하여 2008년 등재된 학술지 논문과 2009년 2월 통과된 박사학위 논문을 통해 브랜드 신뢰도라는 개념을 전 세계 처음으로 학문적으로 연구하여 '브랜드 신뢰도가 브랜드 프리미엄에 크게 영향을 미치는 것'을 사회과학적으로 입증했습니다.

때마침 시기가 잘 맞아, 2009년도에 미국의 세계적인 리더십 전문 기업 코비링크월드와이드 창업자이자 《성공하는 사람들의 7가지 습관》이란 책을 낸 스티븐 R. 코비의 아들인 스티븐 M. R. 코비의 《신뢰의 속도》라는 책이 출판되면서 브랜드 신뢰도라는 용어가 우리 사회에서도 중요한 화두로 떠오르게 되었습니다.

2010년 호서대재단 서울벤처대학원대학교에서 경영지도사 미래가치에 대하여 소개하는 장면

브랜드 신뢰도에 대한 이해를 돕기 위해 하나의 예시를 살펴보고자 합니다. 2012년 당시, 박근혜 한나라당 대표는 과거 수도 이전 및 세종시에 대한 국민 여론이 극심한 분열 양상으로 전개되자 신뢰의 정치를 강조하며 이 문제를 슬기롭게 매듭짓는 정치력을 발휘하였으며 언론과의 인터뷰에서 국민의 신뢰를 얻을 수 있는 신뢰의 정치, 신뢰의 사회를 일관성 있게 강조하였습니다. 또한, 비슷한 시기 안철수 서울대 융합기술대학원장의 개인 브랜드 신뢰도가 갑작스럽게 상승하면서 2012년 대통령선거 후보로 급부상했으며, 2012년 12월에 치러질 대한민국 대통령선거에서 '개인 브랜드 신뢰도의 전쟁'을 예고했습니다.

이처럼 개인 브랜드 신뢰도는 '공정한 사회', '믿을 수 있는 사회'를 이루는 토대를 구축할 수 있어 궁극적으로는 국민성을 향상시키는데 영향을 줄 것이라는 게 필자의 일관된 소신입니다. 우리 한국 사회가 선진국에 제대로 진입하기 위해서는 국민성 개조를 위한 국민 혁명이 일어나야 한다고 보고 있습니다.

이름 석 자로 표현되는 개인 브랜드는 그 사람의 이미지와 평판 등으로 여러 사람들에게 비춰지게 되는데, 한 개인이 일생을 살다가 사라진다고 해도 개인 브랜드 신뢰도가 있는 사람들은 후세의 사람들이 두고두고 기억하게 됩니다.

세계적인 비즈니스 닥터 스티븐 M. R. 코비는 《신뢰의 속도》에서 개인 신뢰의 4가지 핵심 요소에 대하여 다음과 같이 주장했습니다.

첫째, 성실성은 조화로운 일관성으로 가치관과 말, 행동이 일치하는 것을 말하며, 둘째, 의도는 의제 그리고 그 결과로 나타나는 행동과 관계가 있으며, 셋째, 능력은 재능, 태도, 기술, 지식, 스타일 등으로 사람들의 신뢰를 고취하며, 넷째, 성과는 실적이나 올바른 일을 해내는 것을 의미한다고 했습니다.

마지막으로 제가 독자 여러분들에게 드리고 싶은 말씀은 누구나 꿈과 희망만 있다면 아무리 어려운 역경도 헤쳐나갈 수 있다는 것입니다. 한때 불우한 성장 과정으로 좌절하기도 하고 수많은 실패를 경험하고 심지어 죽음 직전까지도 내몰렸던 필자였지만, 역경을 극복한 후에는 또 다른 미래의 희망과 기회를 발견할 수 있었습니다. 바로 이것은 우리 모두의 삶인 것 같습니다. 저처럼 보잘것없는 사람도 수많은 실패와 좌절을 극복하고 한국과 기업의 슈바이처를 꿈꾸고 있지 않습니까? 경제적으로 다소 힘들고 실패했더라도 언제나 하나님은 다시 시작할 수 있는 기회를 만들어 주십니다.

가장 중요한 것은 스스로가 강해지는 것입니다. '포기만 하지 않으면 나는 할 수 있다'라고 외쳐보십시오. 꿈과 희망이 절로 안겨올 것입니다. 어려움에 처하신 모든 분들이 꿈과 용기를 발휘할 수 있기를 바랍니다.

3. 기대를 낮추면 경제적 자유는 빨리 온다

인간의 욕심은 끝이 없다. 100세 시대를 지혜롭게 살기 위해서는 마라톤을 한다는 생각으로 자신의 페이스를 유지하면서 작은 것에도 행복을 느낄 수 있는 철학과 태도가 필요하다.

바야흐로 대한민국 대부분 사람이 경험하지 못한 100세 시대가 도래하고 있다. 의료 기술의 발전과 더불어 환경과 위생이 좋아지고 영양가 있는 식단의 변화 덕분으로 수명이 늘어나고 있는 것이다.

이와 관련하여 100세 시대는 기존의 생활이나 관습 등과는 완전히 달라진 새로운 패러다임을 예고하고 있다.

현행법과 관습에 의해 나이에 따라 불리는 '60세 정년', '65세 노인'이라는 명칭도 이제는 바뀔 때가 된 것이 아닌가 한다.

"끝날 때까지 끝난 게 아니다"라는 명언을 남긴 뉴욕 양키스의 요기 베라는 야구 역사상 최고의 포수였다. 그는 인생 전체를 꿰뚫어 보는 듯한 이 명언을 통해 9회 말 투아웃의 힘든 상황에서도 포기하지만 않는다면 반드시 경기를 뒤집을 수 있다고 말했다.

100세 시대를 축구에 비유하면 50세까지가 전반전이고 51~100세까지가 후반전이다. 축구의 승패는 전략상 전반전보다 체력이 고갈된 후반전이 중요하듯이 우리의 인생도 전반전보다 퇴직 이후 고령이 되었을 때, 즉 후반전이 좋아야 한다.

필자의 멘토 여섯 분 중 국내 제1의 멘토이신 104세의 김형석 연세대 명예교수는 자신의 경험담을 바탕으로 인생은 30-30-30의 3단계라고 말씀하셨다.

첫 번째 30은 1~30세까지로 세상에 태어나서 부모 도움으로 자라고 자아를 위한 교육 받으면서 사회에 홀로서기까지를 말하고, 두 번째 30은 31~60세까지로 사회생활을 하면서 가정을 꾸리고 아이를 키우며 집을 장만하기 위하여 열심히 일하는 시기로 인생의 꽃을 피우는 시기를 말하며, 세 번째 30은 61~90세까지로 자녀들을 출가시키고 직장에서 은퇴하여 혼자서 의미 있는 생활을 개척하며 인생의 보람을 느끼고 사회를 위해 일하는 시기를 말한다. 따라서 막판 유종의 미를 위해 우리에게 남은 것은 최선을 다해서 현재를 열심히 사는 것뿐이다.

필자의 첫 번째 30은 어려운 어린 시절과 학창 시절을 보냈음에도 불구하고 항상 웃으면서 긍정적인 태도로 살았으며, 두 번째 30은 가족 부양과 더불어 사업 실패로 인하여 힘든 시간을 오래 겪었지만, 인생 후반전을 위한 준비로 N잡러 컨설턴트의 길을 50대에 시작하였다.

세 번째 30에 접어든 현재는 평생현역을 위해 향후 5-5-5-100을 목표로 학사과정 5번, 석사과정 5번, 박사과정 5번과 책 100권 출간을 비전으로 현재도 계속 공교육을 받고 있고 책을 65권째 쓰고 있다. 2024년 3월, 4번째 학사인 한국방송통신대학교 생활체육지도학과 3학년에 편입하면서 신중년들과 노인들의 생활체육지도자로서의 소박한 꿈도 꾸고 있다. 필자가 교수로 재직하고 있는 미국 캐롤라인대학교 경영학과에서도 새로운 학문인 〈프롭테크〉와 〈ESG경영〉 분야에 도전하여 연구하면서 강의를 하고 있다.

〈첫 30〉
01~10 "불우한 어린시절" : 부산, 아버님의 공무원 퇴직과 사업 실패, 꼬마 우산장수
11~20 "시련의 청소년시절" : 셋방살이 전전, 중학생 프레스공장 근무, 공고, 교회
21~30 "꿈많은 청년시절" : 캠퍼스낭만, ROTC군장교, 신혼생활과 3자녀, 첫직장
〈둘 30〉
31~40 "롤로코스트 직장생활" : 화려한 두번째 직장, 대학원(석사), IMF퇴직
41~50 "사업시작과 2막준비" : 법인창업과 강사시작, 박사학위/경영지도사 준비
51~60 "N잡러 도전과 성과" : 국회의원도전, 경영지도사300명, 컨설턴트 N잡러
〈셋 30〉
61~70 "인생황금기의 시작" : 면접관2000회대, 교수20년, 책100권, 박/석/학 5번
71~80 "인생황금기 최고조" : KCA N잡러센터, 신중년일자리대학, 사회공헌재단
81~90 "국가와 인류사회에 기여" : 사회공헌 활동, 집필, 강연, 여행, 취미생활 등

김형석 교수님이 말씀하신 3번째 30을 실천하고 보람되게 보내기 위해 비록 늦깎이지만 2024년 4월, 이 책을 쓰면서도 운동생리학 석사과정과 의학박사과정 공부를 계속하려고 준비하고 있다.

현재 캐롤라인대학교 경영학과에서 교수로서 5년째 재직하고 있어서 17년째 대학에서 강의를 하고 있는 경력을 쌓고 있다. 공교육뿐만이 아니라 미래 사회에서 필요로 하고 필자의 인생관과 부합되는 교육이라면 언제든지 배우고자 하는 자세가 되어있으며, 필요하다고 판단되면 바로 실행에 옮기고 있다. 그야말로 '평생교육'과 '평생현역'을 실천하고 있는 것이다.

100세 시대를 맞으면서 매일 실천하고 있는 라이프워크는 일자리 정보를 매일매일 10~20건을 수집해서 현재 23,000명의 SNS 친구들에게 나누는 일이고, 평생공부를 실천하여 언제나 교수이자 대학(원)생으로 교육현장에 계속 있는 것이며, 운동하면서 책 읽기와 책 쓰기를 매일매일 실천하여 5-5-5-100(학사과정 5번, 석사과정 5번, 박사과정 5번, 종이책 100권 출간)을 달성하는 것이다.

고령화사회는 65세 이상 노인 인구가 전체 인구의 7% 이상인 경우를 말하고, 고령사회는 노인 인구 비율이 14% 이상인 경우를 말하며, 초고령사회는 노인 인구 비율이 20% 이상인 사회를 말한다. (출처: 1950년 UN 〈세계인구고령화 1950-2050 보고서〉)

전체 인구 중 65세 이상 고령 인구 비율	고령화사회	고령사회	초고령사회
	7% 이상 14% 미만	14% 이상 20% 미만	20% 이상

출처: 1950년 UN 〈세계인구고령화 1950-2050 보고서〉

한국은 이미 2017년도에 고령사회를 넘어 2026년도에 초고령사회 진입을 앞두고 있으나 고령화 속도가 너무 빨라 이미 초고령사회에 접어든 지자체가 속출하는 등 초고령사회에 대한 준비가 필요하다.

초고령사회와 디지털 중심의 4차 산업혁명 시대는 평생현역 시대를 요구하고 있다. 이제 노동 중심적인 일자리 시대는 종말을 고하고 디지털 중심의 일자리 시대로 패러다임이 전환되고 있다. 이에 따라 정신노동 중심의 정년이 없는 시대가 예고된다. 60세 정년, 65세 노인이라는 획일화된 구분이 아니라 개개인이 노력하기 나름으로 얼마든지 평생 일을 할 수 있는 시대가 도래하고 있는 것이다.

빅데이터 기반의 인공지능 시대는 첨단 기술의 발전으로 인간이 직접 육체적으로 일하는 것보다 로봇이나 AI 시스템이 일을 대신해 줄 수 있기 때문에 육체적인 노동이 중심이 된 정년이란 개념은 점차 사라지고 플랫폼 비즈니스와 같이 정신적인 노동으로 육체적인 노동을 갈음할 수 있는 시대로의 패러다임 전환이 예측되고 있다.

플랫폼 비즈니스는 시스템이 일을 처리해 주기 때문에 인간은 관리, 감독만 잘한다면 얼마든지 평생현역으로 일할 기회가 주어지는 시대를 맞이하게 되는 것이다.

이러한 시대적 흐름인 메가트렌드를 정부 관료나 정치인들이 읽지 못하고 노동 개혁이나 국민연금 개혁 등을 추진하지 않는다면 이 사회가 제대로 된 방향으로 가는 계획을 세우기가 어려울 것이다.

이미 4차 산업혁명과 인공지능이 도래하는 사회의 모습이 육체노동 중심이 아니라 정신노동 중심으로 패러다임이 전환되고 있는데도 불구하고 기존 질서를 그대로 유지한다면 글로벌 시대에 낙오되는 상황을 맞이할 수도 있다는 것이다.

필자는 인생 30-30-30의 세 번째 30을 시작하고 있음에도 불구하고 평생현역 시대를 예측하고 실감하면서 그에 맞는 일자리를 개척하고 있다. 예전같이 육체노동 중심이 아니라 정신노동 중심으로 사업적인 일을 바꾸면서 활발하게 활동 중이다.

이미 60이라는 정년이 지나 기존 일자리 현장에서 은퇴하고 일을 하지 않고 있는 선배들을 보고 있으면 안타깝다는 생각이 든다. 육체적으로나 정신적으로 건강하지만, 목표 없이 시간을 허비하는 것은 기존 우리 사회의 관습에 길들어 있어 그럴 수도 있겠구나 하는 생각이 들기도 한다.

변화하는 시대에 대처하지 못하고 4차 산업혁명 시대와 100세 시대라는 초고령사회까지 도래하는 상황에서 평생현역에 대한 깨달음을 갖는 것과 갖지 않는 것은 인생 후반기에 확연한 명암 차이가 날 것은 틀림이 없다 하겠다.

정년퇴직한 후 아무런 목표나 의욕 없이 인생을 낭비하기에는 너무나 건강한 몸과 정신을 가지고 있기에 정년이나 은퇴 개념을 버리고 평생현역 시대의 도래를 적극적으로 받아들이는 것이 합리적이라 생각된다.

필자의 경우 40대 후반부터 미래를 준비하고 노력해 온 결과로 50대부터 N잡러를 지향하며 여러 직업을 경험하고 있다. 이미 한 일자리에서의 루틴에 젖어있는 사람들의 위험성을 알기에 늘 새로운 트렌드를 접하고 평생교육에 도전하여 새롭게 생겨나는 직업에 쉽게 적응하고 여러 직업들을 동시에 수행할 수 있는 멀티플레이형 N잡러가 되기 위해 현재도 열심히 최선을 다하고 있다.

이 책에서 초고령사회 평생현역 시대를 대비한 일들을 경험을 통하여 소개하고 이 책을 읽는 분들이 이러한 시대 변화에 대해 자각을 하고 깨어나기를 간절히 바라는 바이다.

60세를 넘기면서 수많은 경험과 미래에 대한 불확실성에 대한 준비를 지금도 하고는 있지만 정년이다, 퇴직이다 하면서 다가올 100세 시대를 준비하지 못하고 인생 황금기에 도전할 수 있는 일자리가 끝난 것 같이 생각하고 살아가는 분들이 많다. 이 책을 통해 독자님들이 평생현역의 시대 도래를 기정사실로 받아들이고 100세 시대를 준비하는 것이 4차 산업혁명 시대의 인생 방향성이라는 것을 깨우치는 계기가 되었으면 한다.

특히 초고령사회에서 행복해지려면 탐욕을 버리고 경제적인 목표에 대한 기대를 낮추는 것이 중요한데, 필자의 경우 10년 전부터 검소하게 살면서 월 100만 원만 있어도 행복하게 살 수 있는 멘탈을 가지기 위해 수많은 노력을 하였다. 차도 소형차로 타고 나를 위해 쓰는 돈을 최소화하려고 노력하였다. 다행히도 3명의 자녀가 자립해서 더 이상 비용이 들어가지 않고 있어 이 목표가 현실로 다가온 것이다.

<일에 대한 철학>
1. 도전과 열정적인 삶 (사랑의 수고)
2. 꾸준하게 일하고 기다림 (소망의 인내)
3. 반드시 성과를 만드는 태도 (믿음의 역사)

<멘토들의 삶을 본받고 따라함>
1. 국외 멘토: 슈바이쳐, 피터드러커, 커넬샌더스
2. 국내 멘토: 김형석명예교수, 이시형정신과의사, 강일모총장,
   이순국회장 (2024), 이길여총장 (2024)

<삶에 대한 방향성>
1. 월 100만원만 있어도 행복한 멘탈 노력, 一日一善, 十面, 百書, 千讀, 萬步 매일 실천
2. 일자리가 최고의 복지, 책읽고책쓰기 (100권), 평생공부 (박/석/학 5번), 평생현역
3. '경제적 자유'를 추구하며 소유욕을 버리고 사회와 지구촌을 위해 이타심을 실천

4. 경제적 자유보다 더 중요한 신체적·정신적 건강

▶ 첫째, '경제적 자유'를 빠른 시일 내에 달성해야 한다

최근에 MZ세대를 포함하여 젊은 분들 가운데 '파이어족(FIRE)'을 추구하는 사람들이 있다. 파이어족은 경제적 자립을 통해 빠른 시기에 은퇴하려는 사람들을 일컫는 말인데, 일반적인 취업 후 은퇴하는 구조가 아닌 자유로운 삶과 안정적인 재무까지도 확보하려는 목표를 가지고 있는 사람들이다. 젊은 시절에 이미 돈으로부터 독립된 '경제적 자유'를 추구하려는 사람들을 20~40대에 큰 부를 이룬 사람들을 가리키지만 100세 시대까지는 너무 많은 세월이 남아있어 엄청나게 큰 부를 이루지 않는 사람들은 그렇게 많지 않을 것으로 보인다.

대부분의 사람들이 취업 후 통상 50~60대에 은퇴하게 되는데 어떻게 하면 경제적 자유를 얻을 수 있을까? 60대 초반에 필자의 '경제적 자유'를 달성한 경험으로 볼 때, 일정 금액 이상의 연금을 확보해 두는 것이 가장 중요하다. 공무원, 교사, 군인의 경우 30년 이상 연금을 납부하고 퇴직을 했을 때 어느 정도 생활에 필요한 연금이 확보될 것이다. 일반 직장인의 경우 국민연금을 최대한으로 수급할 수 있도록 하고, 부족할 것으로 예상되면 퇴직연금, 개인연금으로 이를 보완하고, 그것도 부족하면 주택연금 또는 농지연금 등으로 연금을 탄탄하게 준비하여 경

제적 자유를 얻는 것이 매우 중요하다. 추가로 연금처럼 보장된 것은 아니지만 급여는 적더라도 고정적인 월급을 받는 일자리나 지속적으로 돈이 들어올 수 있는 인세나 로얄티 등을 받을 수 있는 플랫폼 사업 등을 확보해 놓는다면 경제적 자유를 달성하는 데 크게 도움이 될 것이다.

'건강한 경제적 자유'에 대해 구상하다(2024년 3월)

▶ **둘째, 일자리나 일거리를 계속 유지하도록 노력해야 한다**

부모에게 재산 상속을 받았거나 젊을 때 많은 돈을 저축한 파이어족이나 일반적인 월급을 30년 이상 받아 연금이 충분하여 경제적 자유를 확보했다고 하더라도 100세 시대를 살아가는 데 있어 일자리나 일거리가 없으면 인생에 즐거움이 없지 않을까 싶다.

일자리와 일거리는 차이가 있는데, 일자리는 반드시 소득이 동반되는 일을 말하지만, 일거리는 사회공헌이나 봉사 등 소득이 동반되지 않는 일을 말한다. 경제적 자유를 확보했다면 일자리와 일거리를 구별할 것 없이 소일거리도 좋으니 일을 계속하는 것이 건강에 좋다는 것은 누구나 알고 있는 사실이다.

10여 년 전 우리보다 고령화가 먼저 진행된 일본을 방문했을 때 일본증권거래소에서 증권을 세고 있는 나이가 지긋해 보이는 분들을 보았는데 그분들이 젊었을 때 소위 잘나가는 분들이라는 것을 듣고는 깜짝 놀랐던 경험이 있으며, 최근 5년 전에 일본 여행을 갔을 때도 일본 나리타공항이나 하네다공항에서 안내하는 분들이 대부분 노인인 것을 보고 나이가 들어도 일하는 즐거움이 있는 것이 좋다고 생각했다.

▶ **셋째, 신체적 건강 수명을 늘려야 한다**

경제적 자유를 확보하고 일자리나 일거리가 주어져도 신체적 건강이 뒷받침되지 않으면 아무것도 할 수가 없다. 은퇴 이후 시간이 많아도 신체적 건강이 따라 주지 않으면 국내 및 해외여행도 할 수 없는 것이다. 건강을 잃으면 모든 것을 잃는다는 말이 있듯이 젊은 시절부터 건강 관리를 잘하는 것이 바람직하다. 그렇지만 살아내기가 바빠서 미처 건강 관리를 못 하고 중년이나 노년을 맞이하게 되었다 하더라도 지금부터 신체 건강을 위해 운동을 하면 되는 것이다.

필자의 멘토 중 한 분인 이순국 회장은 신호그룹이라는 재계 순위

30대 그룹 CEO로 평생 일만 하다가 IMF 외환위기로 사업이 어렵게 되었을 때 잠시 일본 여행 중에 협심증으로 쓰러지고 말았다. 그때 깨달음을 얻어 70세부터 신체 건강을 위해 운동을 시작하게 되었고 82세인 현재 건강한 몸으로 운동 강연을 다니고 있다. 최근 3권의 책을 출간하기도 했다.

한편 필자의 제1의 멘토인 김형석 교수는 집의 1, 2층을 일부러 오르내리면서 운동을 하여 104세의 나이에도 불구하고 왕성하게 강연을 다니고 집필 작업을 하고 있다.

신체적 건강을 위해서 무리 없이 하는 운동은 걷기와 스쿼트, 달리기 같은 근육 운동이다. 물론 신중년 이상이 되신 분들은 여유가 있으면 운동 전문가와 함께 체계적인 근력 운동을 하는 것을 권하고 싶다.

구본무 회장 생전에 가꾼 화담숲에서 'ESG경영'을 구상하다(2024년 4월)

▶ **넷째, 정신적 건강을 유지해야 한다**

노후에 신체적 건강도 중요하지만 정신적 건강도 못지않게 중요하다. 보건복지부 중앙치매센터에 따르면, 2019년 기준 78만 8,000명인 65세 이상 치매 인구는 2050년 302만 3,000명까지 증가할 것으로 추정된다고 한다. 치매나 알츠하이머병은 굳이 설명하지 않아도 알겠지만, 일단 발병이 되면 온 가족을 힘들게 하고 무엇보다도 본인의 소중한 기억들을 모두 잃어버리는 무서운 질병이다. 요양병원에 가서 죽음만 기다리고 있는 치매인 분들을 떠올려 보라. 정신건강을 잃어버리면 모든 것을 잃어버리는 것과 같다. 고령화사회는 치매 환자의 급증을 통계에서 예고하고 있다. 미리미리 이런 상황에 대비하여 준비하지 않으면 누구도 예외는 없다.

정신적 건강을 유지하기 위해서는 책을 읽고 공부를 계속하는 것이 좋은 방법이며 공부가 하기 싫을 경우, 필자는 글쓰기를 권하고 싶다. 또한, 가급적 많이 웃는 것이 좋다. 어떤 유튜브 방송에서는 '스마일'을 권하기도 하던데, 스마일이란 "스쳐도 웃고, 마주쳐도 웃고, 일부러 웃으라"는 말이라고 한다.

참고문헌

- 폴 어빙 엮음, 《글로벌 고령화 위기인가 기회인가》, 김선영 옮김, 글담, 2017.
- 사카모토 세쓰오, 《2020 시니어 트렌드》, 김정환 옮김, 한스미디어, 2016.
- 이정훈 기자, '한국 인구 소멸 1호 국가' 지목한 콜먼 옥스퍼드대 교수 "한국 출산율 높이려면…" [비즈니스 포커스], 한경비즈니스, 2023.05.23.
- 김영기 외, 《성공을 위한 리허설》, 행복에너지, 2012.

저자소개

김영기 KIM YOUNG GI

학력

- 영어영문학 학사·사회복지학 학사·교육학 학사 졸업
- 신문방송학 석사·고령친화산업학 석사 수료
- 부동산경영학 박사·사회복지상담학 박사 수료·경영학 박사 수료

경력

- 미국 캐롤라인대학교 경영학과 교수
- KCA한국컨설턴트사관학교 총괄교수
- KBS면접관/ KPC 부설 '한국사회능력개발원' 면접관교육 총괄교수
- 정보통신산업진흥원 등 10여 개 기관 심사평가위원
- 소상공인시장진흥공단 소상공인 컨설턴트
- 중소기업중앙회 노란우산 경영지원단 자문위원
- 서울시·중앙대·남서울대·경남신보 창업 전문 강사
- 중앙대·경기대·세종대·강남대·한국산업기술대 강사 역임

자격

- 경영지도사·국제공인경영컨설턴트(ICMCI CMC)
- 채용면접관 1급 자격증·HR전문면접관(1급)자격증

- 창업지도사 1급·창직컨설턴트 1급·브레인컨설턴트
- ISO국제선임심사원(ISO9001, ISO14001, ISO27001)
- 사회복지사·요양보호사·평생교육사

저서

- 《부동산경매사전》, 일신출판사, 2009. (김형선 외 4인 공저)
- 《부동산용어사전》, 일신출판사, 2009. (김형선 외 4인 공저)
- 《부동산경영론연구》, 아이피알커뮤니케이션, 2010. (김영기)
- 《성공을 위한 리허설》, 행복에너지, 2012. (김영기 외 20인 공저)
- 《억대 연봉 컨설턴트 프로젝트》, 시니어파트너즈, 2013. (김영기)
- 《경영지도사 로드맵》, 시니어파트너즈, 2014. (김영기)
- 《메타 인지 학습 : 브레인 컨설턴트》, e경영연구원, 2015. (김영기)
- 《메타 인지 학습 : 진짜 공부 혁명》, e경영연구원, 2015. (양영종 외 2인 공저)
- 《창업과 경영의 이해》, 도서출판 범한, 2015. (김영기 외 1인 공저)
- 《NEW 마케팅》, 도서출판 범한, 2015. (변명식 외 3인 공저)
- 《브레인 경영》, 도서출판 범한, 2016. (김영기 외 7인 공저)
- 《저작권 진단 및 사업화 컨설팅(서진씨엔에스, 쿠프, 아이스페이스)》, 충청북도지식산업진흥원, 2017. (김영기)
- 《저작권 진단 및 사업화 컨설팅(와바다다)》, 강릉과학산업진흥원, 2018. (김영기)
- 《공공기관 합격 로드맵》, 브레인플랫폼, 2019. (김영기 외 20인 공저)
- 《브레인경영 비즈니스모델》, 렛츠북, 2019. (김영기 외 6인 공저)
- 《저작권 진단 및 사업화 컨설팅(파도스튜디오)》, 강릉과학산업진흥원, 2019. (김영기)
- 《2020 소상공인 컨설팅》, 렛츠북, 2020. (김영기 외 9인 공저)
- 《공공기관·대기업 면접의 정석》, 브레인플랫폼, 2020. (김영기 외 20인 공저)
- 《인생 2막 멘토들》, 렛츠북, 2020. (김영기 외 17인 공저)
- 《4차 산업혁명 시대 AI 블록체인과 브레인경영》, 브레인플랫폼, 2020. (김영기 외 21인 공저)

- 《재취업전직지원서비스 효과적 모델》, 렛츠북, 2020. (김영기 외 20인 공저)
- 《미래 유망 자격증》, 렛츠북, 2020. (김영기 외 19인 공저)
- 《창업과 창직》, 브레인플랫폼, 2020. (김영기 외 17인 공저)
- 《경영기술컨설팅의 미래》, 브레인플랫폼, 2020. (김영기 외 18인 공저)
- 《공공기관 합격 노하우》, 브레인플랫폼, 2020. (김영기 외 20인 공저)
- 《신중년 도전과 열정》, 브레인플랫폼, 2020. (김영기 외 18인 공저)
- 《저작권 진단 및 사업화 컨설팅(더웨이브컴퍼니)》, 강릉과학산업진흥원, 2020. (김영기)
- 《4차 산업혁명 시대 및 포스트 코로나 시대 미래비전》, 브레인플랫폼, 2020. (김영기 외 18인 공저)
- 《소상공인&중소기업컨설팅》, 브레인플랫폼, 2020. (김영기 외 15인 공저)
- 《미래 유망 기술과 경영》, 브레인플랫폼, 2021. (김영기 외 21인 공저)
- 《공공기관 채용의 모든 것》, 브레인플랫폼, 2021. (김영기 외 21인 공저)
- 《신중년 N잡러가 경쟁력이다》, 브레인플랫폼, 2021. (김영기 외 22인 공저)
- 《안전기술과 미래경영》, 브레인플랫폼, 2021. (김영기 외 21인 공저)
- 《퇴직전문인력 일자리 활성화를 위한 '경영지도 및 진단전문가' 모델 사례연구》, 한국연구재단, 2021. (김영기)
- 《창직형 창업》, 브레인플랫폼, 2021. (김영기 외 17인 공저)
- 《신중년 도전과 열정 2021》, 브레인플랫폼, 2021. (김영기 외 17인 공저)
- 《기업가정신과 창업가정신 그리고 창직가정신》, 브레인플랫폼, 2021. (김영기 외 12인 공저)
- 《4차 산업혁명 시대 AI 블록체인과 브레인경영 2021》, 브레인플랫폼, 2021. (김영기 외 8인 공저)
- 《ESG경영》, 브레인플랫폼, 2021. (김영기 외 23인)
- 《메타버스를 타다》, 브레인플랫폼, 2021. (공저)
- 《N잡러 시대, N잡러 무작정 따라하기》, 브레인플랫폼, 2021. (김영기 외 15인)
- 《10년 후의 내 모습을 상상하라》, 브레인플랫폼, 2022. (김영기 외 10인)
- 《공공기관 채용과 면접의 기술》, 브레인플랫폼, 2022. (김영기 외 19인)

- 《N잡러 컨설턴트 교과서》, 브레인플랫폼, 2022. (김영기 외 25인)
- 《프롭테크와 메타버스 NFT》, 브레인플랫폼, 2022. (김영기 외 11인)
- 《팔도강산 팔고사고》, 브레인플랫폼, 2022. (공저)
- 《정부·지자체의 창업지원금 및 지원제도의 모든 것》, 브레인플랫폼, 2022. (김영기 외 10인)
- 《미래를 위한 도전과 열정》, 브레인플랫폼, 2022. (김영기 외 6인)
- 《AI 메타버스시대 ESG 경영전략》, 브레인플랫폼, 2022. (김영기 외 24인)
- 《퇴직전문인력 일자리 활성화를 위한 경영지도 및 진단전문가 모델 사례연구》, 유페이퍼, 2022. 김영기
- 《창업경영컨설팅 현장사례》, 브레인플랫폼, 2022. (공저)
- 《채용과 면접 교과서》, 브레인플랫폼, 2023. (공저)
- 《100세 시대 평생교육 평생현역》, 브레인플랫폼, 2023. (김영기 외 15인)
- 《모빌리티 혁명》, 브레인플랫폼, 2023. (김영기,이상헌 외 9인)
- 《평생현역 N잡러 도전기》, 브레인플랫폼, 2023. (김영기 외 14인)
- 《미래 유망 일자리 전망》, 브레인플랫폼, 2023. (김영기 외 19인)
- 《창업경영컨설팅 방법론 및 사례》, 브레인플랫폼, 2023. (김영기 외 13인)
- 《AI시대 ESG 경영전략》, 브레인플랫폼, 2023. (김영기 외 11인)
- 《평생현역을 위한 도전과 열정》, 브레인플랫폼, 2023. (김영기 외 9인)
- 《멘토들과 함께하는 인생 여정》, 브레인플랫폼, 2024. (김영기 외 8인)
- 《ESG경영 사례연구》, 브레인플랫폼, 2024. (김영기 외 13인)
- 《초고령사회 산업의 변화》, 브레인플랫폼, 2024. (김영기 외 8인)
- 《건강한 경제적 자유》, 브레인플랫폼, 2024. (김영기 외 6인)

수상

- 문화관광부장관표창(2012)
- 대한민국청소년문화대상(2015)
- 대한민국교육문화대상(2016)
- 대한민국신지식인(교육분야)인증(2020)

2장

40대에 준비해야 할 건강한 경제적 자유

김주성

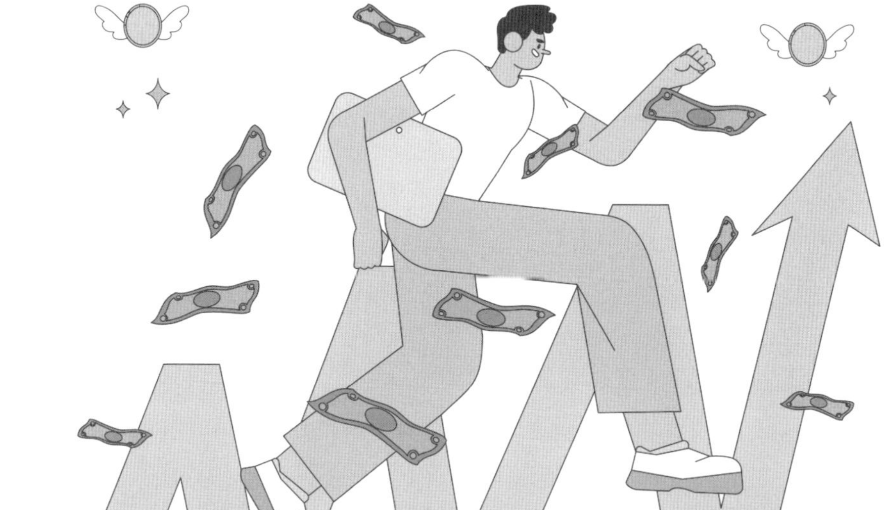

1. 들어가며

자본주의 시대를 살아가는 현재에, 시간이 흘러가면 흘러갈수록 자금은 계속 유통되고 더욱 확장되고 있다. 인플레이션을 필수적으로 맞이해야 하는 시대를 살아가고 있는 것이다. 더욱이 사람의 평균연령 또한 계속 증가하고 있고 의학의 발달과 생활 환경의 개선을 통해 100세 시대 또한 필수적으로 만나게 되는 시대를 살고 있다.

지금 우리는 어떻게 하면 더 잘 먹고 안전하게 살아가느냐가 아니라 더욱 길어진 인생의 길 위에서, 어떻게 하면 더 잘 살고 행복하게 살아가느냐에 대해 더욱 고민하는 시대를 살고 있다.

인플레이션이 지속되고 전 세계의 통화는 계속해서 늘어나고 있는 가운데 경제적 부의 양극화는 더욱 가속되고 있고, 그 속에서 우리는 어떻게 하면 그 부를 우리에게 가져오고 안정적인 노후를 맞이할 것인가에 대한 고민을 계속해서 하고 있다. 다행인 점은 현재의 충분한 정보와 기술, 4차 산업의 이해를 통해 여러 시도를 하다 보면 그 어느 때보다 부를 얻는 기회 자체가 많아지고 있다는 것이다.

예전에는 부모 찬스로 부자가 된 젊은 졸부들에게 사용하던 영앤리치(Young&Rich)라는 말이, 최근에는 벤처기업이나 자수성가한 젊은 사람들에게 더욱 많이 적용되고 있고, 특히 올드리치 같은 말을 사용할 수 있는 50대 이상의 부자들도 계속해서 늘어나는 추세다.

그리고 단순히 경제적인 소득의 증가뿐 아니라 그 소득을 누리기 위한 건강에 대한 문제와 특히 건강한 라이프 스타일에 대한 고민들도 계속해서 늘어가고 있다.

2. 건강한 경제적 자유란?

우리나라의 달리기 인구는 현재 약 150만 명 정도로 추산하고 있다. 마라톤 인구는 약 30만 명 정도로 추산되며, 연간 약 250여 회의 마라톤 공식대회가 열리고 있다.

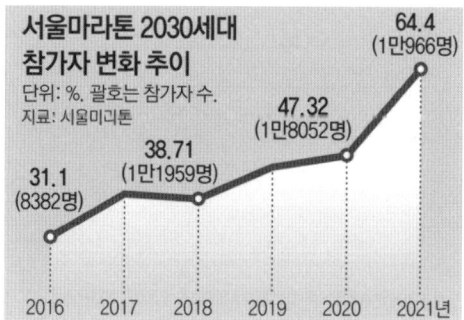

경기가 안 좋아질수록 오히려 달리기 인구는 더욱 늘어나고 있고, MZ세대들도 계속해서 달리기를 통해 그 세대의 답답함을 풀고 있는 것

처럼 보인다. 2021 서울마라톤조직위원회에 따르면, 2016년 8,382명(31.1%)이던 20, 30대 참가자들이 2021년에는 1만 966명(64.4%)까지 늘어났다. SNS를 타고 젊은 층의 달리기에 대한 열망은 더욱더 널리 퍼지고 있다. 러닝은 본래 진입 장벽이 낮은 운동이다. 러닝화만 있다면 누구나 언제 어디서든 시작할 수 있기 때문이다.

누구나 한 번쯤 가볍게 달리기를 해본 경험을 가지고 있을 것이다. 나도 일주일에 두세 번 정도 달리기를 한다. 3km 정도 되는 거리를 20분 정도 달리는데, 달리고 나면 너무 힘들어서 10분 정도 쓰러져 있곤 한다. 그렇게 2년 넘게 달리기를 하다가 업무가 바빠 몇 달 정도 쉬다가 오랜만에 다시 달리기를 하게 되었다. 이전보다 몸이 더욱 약해진 것인지, 아니면 뛰는 방법이 잘못된 것인지 기록은 거의 제자리를 머물고 있었고, 나아질 가능성이 보이지 않았다.

몇 번을 달리고 나서 무언가 방도를 찾아야겠다고 생각해서 무작정 유튜브를 켜고 검색하기 시작했다. 올바른 러닝과 여러 가지 방법에 대해 매우 자세히 나와 있었고 그렇게 스무 개가 넘는 영상을 보며 달리기에 대해서 배울 수 있었다. 대부분 중요하게 이야기하는 내용은 유사했는데 발바닥을 착지하는 방법과 발 굴리기 방법, 자신에게 맞는 좋은 리듬을 찾아야 한다는 것이었다.

영상을 보고 나서, 배운 내용을 혼자서 연습하고 시도해 보기로 했다. 그렇게 열심히 배우고 다시 달린 첫 번째 달리기에서 굉장히 놀라

운 것을 발견했다. 힘도 훨씬 덜 들고, 기록도 눈에 띄게 앞당길 수 있었기 때문이다. 예전만큼 힘들지 않은데 어떻게 기록이 더 좋아질 수 있을까?

내 몸은 예전이나 지금이나 그대로인데 말이다. 몇 년 동안 왜 이런 생각을 못 해본 것일까? 달리기는 그냥 달리면 된다는 고정관념 때문이었는지, 혹은 마라톤을 할 생각 따위 없었기 때문에 그냥 스트레스를 풀기 위해 아무 생각 없이 달렸기 때문인지 모르겠지만, 그저 달리기에 대해 공부를 조금만 했더라도 더욱 즐겁게 달렸을 거라는 후회가 되었다.

우리는 흔히 인생을 달리기에 비교한다. 특히 마라톤에 자주 비교하곤 한다. 3km의 짧은 달리기이지만 이 달리기 사건을 통해 나는 많은 것을 깨달을 수 있었다.

그리고 나는 여기서 건강한 경제적 자유에 대한 여러 가지 나만의 정답을 찾게 되었다.

결론부터 요약해서 말하면 크게 세 가지가 필요하다는 것을 알게 되었다. 몸의 밸런스와 컨디션을 유지하기 위한 건강한 체력이 바탕이 되어야 하고, 무엇이든 제대로 알고 하는 것이 얼마나 중요한가를 알게 되었고, 배운 것을 아는 것에 그치지 말고 행동하면서 적용해야 한다는 것이었다.

달리기에 대해 조금 알았을 뿐인데, 갑자기 달리기에 대한 호기심과 기대감이 생기게 되었다. 다음 달리기에서는 더 좋은 기록이 나오지 않을까 하는 생각으로 더욱 많은 영상을 찾아보게 되었고, 거울을 보고 여러 자세도 잡아보게 되었다. 그저 흔한 달리기 하나가 새로운 의미로 다가온 것이다.

우리의 인생은 그저 100세까지 생명이 다하기를 기다리며 살아가는 것이 아니다. 스트레스를 받지 않기 위해 그저 최소한의 경제적인 자유를 누리기 위함도 아니다.

40대면 인생의 중반에 접어든 시점이다. 앞으로의 남은 삶을 위해 무엇을 배우고 무엇을 준비하며 새로운 의미로 다가올 인생을 어떻게 준비해 나갈 것인가?

3. 경제적 자유를 누리는 기본원리 3가지

경제적인 자유를 누리기 위해서 여러 가지가 필요하다. 나아가 주제인 건강한 경제적 자유를 위해서는 더더욱 많은 것이 필요하다.

우선 경제적 자유를 위해 우리에게 가장 기본적으로 필요한 3가지를 말해보려고 한다.

(1) 이루고 싶은 일이 있거든 체력을 먼저 길러라

드라마로 나와서 유명해진 《미생》이라는 만화 원작에 매우 유명한 대사가 나온다.

> "이루고 싶은 일이 있거든 체력을 먼저 길러라. 게으름, 나태, 권태, 짜증, 우울, 분노, 모두 체력이 버티지 못해 정신이 몸이 지배를 받아 나타나는 증상이다. 우리가 후반에 종종 무너지는 이유, 데미지를 입은 후 회복이 더딘 이유는 모두 체력의 한계 때문이다. 체력이 약하면 빨리 편안함을 찾게 마련이고, 그러다 보면 인내심이 떨어지고 그 피로감을 견디지 못하게 되면 승부 따위는 상관없는 지경에 이른다. 이루고 싶은 일이 있다면 충분한 고민을 버텨줄 몸을 먼저 만들어라."
>
> – 윤태호 저 《미생》 4권 중

2014년 방영된 드라마에서는 "정신력은 체력의 보호 없이는 구호밖에 안 된다" 라고 이야기했다.

정말 멋진 말이지 않은가? 이런 말을 보다 보면 당장이라도 나가서 조깅을 하고 싶은 생각이 든다. 실제 우리는 건강이 없이는 아무것도 할 수 없다. 모든 것을 다 가지고 있어도 건강이 없으면 무슨 이익이 있겠는가?

더욱이 100세 시대를 바라보는 현시대에는 더더욱 중요한 말처럼 다가온다. 경제적인 자유를 이뤄도 건강이 없으면 아무것도 아니다.

또한, 4차 산업이라고 불리는 빅데이터와 AI의 발전으로 인해 건강에 대한 관심으로 스마트 헬스케어 산업은 계속해서 성장하고 있다.

사회 구조적인 요인으로 인해 향후 65세 이상 노년층의 비중은 현재보다 급격하게 증가할 것으로 예상되고 있다. 2050년경에는 OECD 36개국을 기준으로 살펴보았을 때, 전체 인구에서 65세 이상의 노년층이 차지하는 비중이 평균 27.1%까지 증가할 것으로 전망된다. 특히 우리나라는 38.1% 수준까지 해당 연령층의 비중이 늘어날 것으로 전망되고 있어 OECD 가입국 중 가장 극심한 인구 노령화를 경험할 것으로 보인다.

헬스케어 수요자는 자신의 신체 정보를 스마트 밴드나 시계 등 웨어러블 기기를 통해 실시간으로 의료기관이나 운동시설 등에 전송하고 이 기관에 모인 신체 정보를 데이터 수집과 분석을 전문으로 하는 기관에 전달하여 최종적으로 이 정보에 대한 분석이 이루어지는 과정을 거치게 된다. 병원에 내원할 필요 없이 정밀 진달을 받지 않고도 신체 정보가 추적되고 관리된다는 것이다. 특히 만성 질환자의 경우 만약의 사태가 발생하였을 때 실시간으로 현재 상태가 기관에 전송되어 긴급 의료 지원도 받을 수 있게 된다.

이러한 헬스케어의 기본은 누가 뭐래도 체력 훈련이다. 자신에게 가장 잘 맞는 운동을 선택하고 꾸준히 운동을 해나가는 것은 건강한 경제적 자유를 맞이하는 데 가장 기본이자 가장 중요한 일이다.

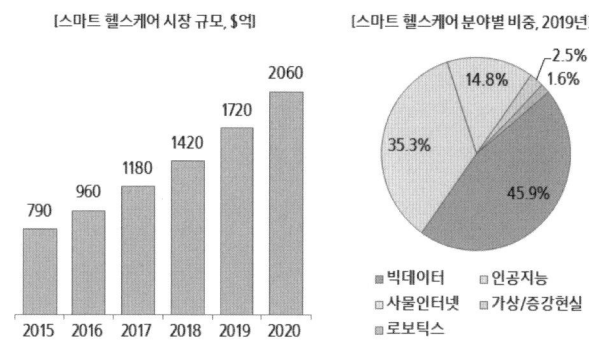

출처: statista(2019년), 한국정보화진흥원 삼성증권포트폴리오전략팀

(2) 배움에는 끝이 없다

배움과 관련한 사자성어는 무수히 많다.

학무지경(學無止境). 배움에는 끝이 없기 때문에 평생을 배워야 한다는 말이다.

학불가이(學不可已). 학문은 그만둘 수 없다는 말로, 배움은 끝없는 정진을 해야 한다는 말이다.

학여천정(學如穿井). 학문은 우물을 파는 것과 같다는 말로, 학문은

하면 할수록 어려워진다는 뜻이다.

우리나라의 대학 진학률은 70%가 넘는 수준으로 OECD 35개국 중 1위를 차지하고 있다. 교육부와 한국교육개발원이 37개 OECD 회원국과 9개 비회원국을 대상으로 조사 발표한 〈OECD 교육지표 2019〉를 보면, 2018년 한국 성인(25~64세) 중에서 대학 이상의 학력을 가진 고등교육 이수율은 49.0%로 OECD 평균보다 높고, 특히 청년층(25~34세)은 69.6%로 2008년 이후부터 OECD 1위를 유지하고 있다. OECD 국가의 평균의 고등교육 이수율은 성인(25~64세)은 38.6%, 청년층(25~34세)은 44.3%였다.

교육부가 발표한 2021년 〈국민교육수준〉 지표에 따르면, 25~64세 기준 우리나라 대졸 인구는 69.7만 명으로 OECD 회원국 평균보다 훨씬 높았다. 특히 25~34세 청년층의 대졸 이상 비율(69.8%)은 OECD 평균(45%)보다 25%가량 높았다.

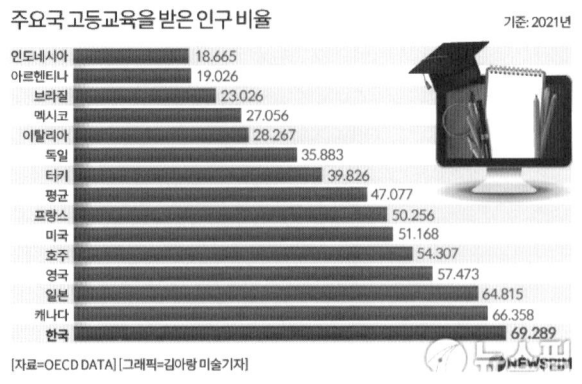

OECD 데이터 통계에 따른 〈주요 국가별 고등교육을 받은 인구〉를 살펴봐도 한국은 25~34세 기준 69.3%로 일본(64.8%)이나 미국(51.1%)보다 훨씬 높았다. 평균치인 47.07%보다도 25%가량 높았다.

교육은 대학으로 끝나는 것이 아니라 성인들에게도 계속된다. 교육부와 한국교육개발원은 평생교육 분야 정책 수립·연구 등에 활용하기 위해 매년 전국의 성인(2020년 9,776명)과 평생교육기관(2020년 4,541개)을 대상으로 조사를 실시하고 그 결과를 발표하고 있다.

2020년도 국가평생교육통계 조사 결과, 2020년 평생학습 참여율은 40.0%로 우리나라 성인 10명 중 4명이 평생학습에 참여하고 있는 것으로 나타났다.

여성(40.3%)이 남성(39.7%)보다 평생학습에 많이 참여하는 것으로 나타났으며, 연도별 성별 격차는 점점 감소하는 추세로 나타났다.

연령별로는 청년층(25~34세, 50.2%)이 노년층(65~79세, 29.5%)보다 참여율이 높았고, 소득수준별로는 고소득층(월평균 가구소득 500만 원 이상) 참여율(45.4%)이 저소득층(월평균 가구소득 150만 원 미만) 참여율(29.7%)보다 15.7%p 높았다. 한편, 취약계층의 평생학습 참여율은 27.4%로, 전체 평생학습 참여율 40.0% 대비 12.6%가 낮은 것으로 나타났다.

이는 매우 흥미로운 일이다. 평균 소득이 높은 사람들은 교육을 통해 더욱더 많은 부의 기회를 얻게 된다는 것이다. 부의 격차가 단순히 부의 대물림에서 오는 것이 아니라 이처럼 교육에서도 격차가 일어난다는 것이다. 경제적인 자유를 얻기 위해서는 교육에 더 많은 시간과 투자를 해야 할 것이다.

우리나라 성인 30.2%가 평생학습에 참여하고 싶었지만 참여하지 못했다고 응답했고, 불참 요인으로는 '직장업무로 인한 시간 부족'이 54.2%로 가장 많았다.

평생학습 참여자의 현재 생활 만족도는 71.4점, 평생학습 비참여자의 현재 생활 만족도는 68.6점으로 나타났다.

평생학습을 통해 실제 생활의 만족도도 올라가는 것을 볼 수 있다. 이는 교육이라는 것이 단순히 부를 얻기 위한 수단이 되기도 하지만, 실제로 건강한 경제적 자유에 있어 만족감을 주는 그 자체가 매우 중요한 수단이라는 것을 알 수 있다.

또한, 우리나라 성인은 평생학습 참여를 통해 행복감 증대, 자기계발, 필요한 기능 습득 순으로 참여 성과를 거뒀다고 응답했다.

평생교육기관 수는 4,541개로 전년(4,295개) 대비 246개(5.7%↑) 증가했다. 다행스럽게도 우리나라 국민들은 교육열이 상당히 높고 교육의 필요성에 대해 매우 중요하게 생각하고 있다.

교육의 원래 취지에 맞추어 올바르게 생각하고, 나아가 올바르게 살기 위해서 배움은 계속되어야 한다. 건강한 경제적 자유를 이루기 위해서는 무엇보다도 교육에 집중하고 평생교육을 통해 자신을 개발하고 발전시켜 나가야 할 것이다.

(3) 행동하고 적용한다

한국 스마트폰 사용자들이 매달 40시간을 유튜브 시청에 쓰고 있는 것으로 나타났다. 5년 만에 두 배 가까이 늘어난 수치다.

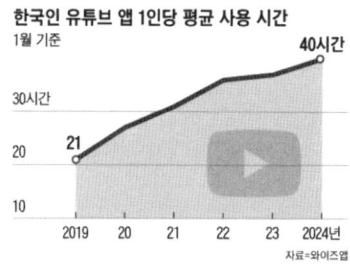

앱 분석 서비스 와이즈앱은 한국 스마트폰 사용자를 표본 조사한 결과, 1인당 유튜브 앱 사용 시간이 2019년 1월 21시간에서 지난 1월 40시간으로 늘어났다고 밝혔다. 한 사람이 한 달에 평균 이틀 가까운 시간 동안 유튜브를 보고 있는 셈이다. 한국인의 유튜브 앱 총 사용 시간도 지난 1월 1,119억 분으로 역대 최고치를 기록했다. 2019년 1월만 해도 총 사용 시간은 519억 분이었다.

유튜브는 이용자 수에서도 이미 국내 모바일 앱 시장 1위를 차지했다. 모바일인덱스에 따르면, 작년 12월 유튜브는 월간 활성 이용자(MAU) 4,565만 명을 기록해 '국민 메신저'로 불리는 카카오톡(4,554만명)을 제치고 처음으로 국내 1위 앱으로 올라선 뒤 격차를 벌리고 있다. MAU는 한 달에 1번 이상 앱을 쓴 이용자 수를 뜻한다.

유튜브는 한국에서 유독 빠른 속도로 성장하고 있다. 2023년 기준 미국인의 월평균 유튜브 앱 사용 시간은 24시간 정도이고, 세계 평균(중국 제외)도 23시간을 약간 넘어서는 수준이다. 한국의 60% 수준이다.

유튜브를 많이 시청하게 되면서 생기는 가장 큰 단점은 바로 대리만족으로 인한 행동력 감소에 있다. 이는 사람들이 육아나 연애 또한 매체를 통해 대리만족하며 실제 삶에서는 행동하지 않는 현상을 통해 알 수 있다. 또한, 넷플릭스나 디즈니 플러스와 같은 OTT 서비스의 발전으로 인해, 특히 코로나 시대를 지나며 강제적 집콕 시대를 맞이했다. 코로나 시대 이후에도 인플레이션으로 인한 높은 물가와 경기 침체 등으로 인해 자발적·비자발적 집콕의 시대를 맞이한 것도 크다.

이런 시대를 거치며 자연스럽게 우리는 행동하는 데에 어려움을 느낀다. 대리만족을 통해 스스로 이미 경험해 봤다고 착각하는 경우도 있고, 수많은 정보로 인해 이미 다 알고 있다는 생각으로 시도조차 하지 않는 경향도 많이 보인다.

지금 시대에 있어 가장 강력한 능력 중 하나가 바로 행동으로 옮기는 행동력일 것이다. 아는 데에 그치지 않고 행동으로 옮길 수 있는 용기를 가진 사람, 알고 있는 것을 실제 현실에서 만들어 낼 수 있는 능력을 가진 사람에게 경제적 자유와 건강한 삶은 당연한 결과물일 것이다.

(4) 경제적 자유를 얻는 여러 가지 방법들

우리는 AI와 4차 산업혁명이라 불리는 기술혁명의 시대를 살아가고 있다. 많은 직업들이 기계들에 의해 대체되고, AI에 의해 더욱더 많은 직업들이 사라질 위기에 처해있다. 그럼에도 인간 고유의 영역과 또한 인간 사회를 결정하는 여러 가지 직업들은 존재하고 또 새로 탄생하기도 한다. 특히 요즘은 길어진 평균 수명으로 인해 한가지 직업에 평생 종사하는 사람을 찾아보기 힘들다. 적어도 60대 이후로는 인생의 2막, 3막을 준비해야 하고, 그런 시대를 준비하기 위해 투잡, 쓰리잡이 아닌 N잡을 선택해야 하는 것이 현재 시대의 모습인 것 같다. 한마디로 N잡을 강요받는 시대에 살게 된 것이다.

1) N잡러 시대

'평생직장'이라는 말은 사라진 지 오래다. 최근 한 사람이 동시에 여러 직업을 갖는 N잡러에 대한 관심이 높아지고 있다. 불황과 취업난을 돌파하기 위해 N잡은 피할 수 없는 흐름이라는 인식이 강해지고 있고 경쟁력 강화와 자기계발의 중요성이 커지고 있다.

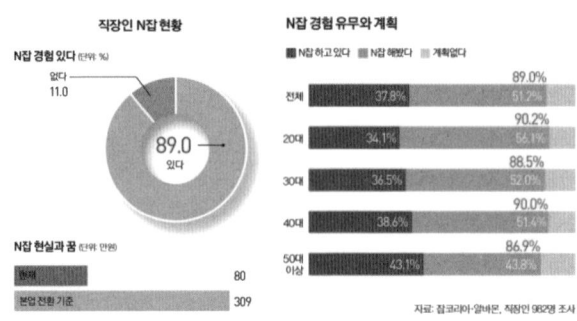

연령대별로 N잡의 종류도 다르게 조사됐다. 20대 직장인은 음식점 서빙·보조를 한다는 응답자가 23.8%로 가장 많았다. 이어 카페 바리스타(19.0%), 판매·매장 관리(16.7%), 문서 작성·편집(16.7%) 일을 한다는 응답이 뒤를 이었다. 30대는 판매·매장 관리가 16.8%로 가장 많았고, 블로거 활동을 한다는 응답자가 14.8%로 뒤를 이었다. 40대는 판매·매장 관리(17.7%)에 이어 음식점 서빙·보조(12.9%), 사무보조(12.1%), 택배·배달(11.3%) 순으로 나타났다. 50대 이상에서는 판매·매장 관리를 한다는 응답이 28.6%로 가장 많았고 음식점 서빙·보조(23.2%), 사무보조(12.5%) 순으로 N잡을 한다고 답했다.

직장인 N잡러들이 하루 중 N잡에 투자하는 시간은 3.4시간(약 3시간 24분)으로 조사됐다. 연령대가 높을수록 N잡에 투자하는 시간이 길었고, 그만큼 월 소득도 높았다. 20대와 30대는 각각 3.2시간과 3.1시간을 투자하고, 40대가 3.4시간, 50대가 4.1시간을 투자하고 있었다. 월

소득은 20대가 평균 53만 원, 30대는 평균 69만 원, 40대는 평균 92만 원, 50대 이상은 평균 105만 원으로 집계됐다. 소득과 관련해 응답자 중 68.2%는 월 309만 원을 벌 수 있다면 '본업'으로 전향할 의향이 있다고 답했다. 모든 연령대에서 현실 수입과 희망 수입의 간극이 있음을 알 수 있다.

N잡러의 생활이 모두 성공적인 것은 아니다. N잡에 도전할 땐 무작정 일을 늘리기보다 고정 수익이 보장되는 일을 본업처럼 정해두고, 그 본업에 소요되는 시간을 기준으로 다른 일을 늘려가는 것이 가장 안정적이다.

2023년 10월, 이은주 정의당 의원실에서 공개한 자료를 보면 N잡러에 대한 세간의 인식과 현실의 차이를 알 수 있다.

2023년 산재보험 복수가입자 합산 현황 (단위: 명)

구분	복수가입자 합 (근로자+노무제공자)	복수가입자	
		남성	여성
10대	7724	4123	3601
20대	9만2413	6만0493	3만1920
30대	15만5498	10만7233	4만8265
40대	21만9751	13만0081	8만9670
50대	23만1984	11만0073	12만1911
60대 이상	18만6098	7만2655	11만3443
총계	89만3468	48만4658	40만8810

자료: 이은주 정의당 의원실

자료에 따르면, 지난 10년간 근로자의 산재보험 복수가입자는 27만 명 줄었으나, 특고(소속 없는 특수형태근로종사자), 플랫폼 등 노무제공자의 산재보험 복수가입자는 39만 명 가까이 크게 늘었다. 다중취업자, 즉 N잡러가 비임금노동자 위주로 재편되고 있다는 의미다.

본업 외에 부업으로 추가 수익을 얻기 위해 도전해 볼 만한 일로 어떤 것들이 있을까? 현재 N잡을 하고 있는 사람들은 입을 모아 비교적 진입 장벽이 낮은 일부터 시작하라고 조언한다. 그중 하나가 배송 기사 활동이다. 얼마 전까지 배달·유통 전문 플랫폼에서 활동하는 배달·배송 기사 일은 전문성을 인정받으며 인기 부업으로 떠올랐다. 기동성을 갖추거나 배송 건수가 많은 지역을 선별하는 선구안을 갖췄다면 충분히 도전해 볼 만한 일이다.

배송 일보다 수익성은 적지만 육체적인 피로도가 적고 시간을 투자한 만큼 수익을 올릴 수 있는 직종도 있다. 바로 SNS 마케팅 활동이다. 유료 마케팅인 바이럴 상품에 대한 리뷰를 블로그 등에 작성하고 건수에 따라 일정 금액을 받는 구조다. 많은 글을 작성할수록 더 많은 수익이 생긴다.

온라인 숍이나 무인점포 등 창업형 N잡도 생각해 볼 수 있다. 네이버 스마트스토어 같은 온라인 스토어 오픈은 4050 직장인도 쉽게 접할 수 있다. 다만 상품 유통업 창업이기 때문에 일정 수익을 얻기까지 초반 유입에 따른 정착 시기가 길어질 수도 있다는 점을 계산해야 한다.

이외에도 자신의 직업과 관련한 기술 노하우를 공유하는 유튜브 크리에이터를 고려해 볼 수도 있다. 서울시50플러스재단 황윤주 사업운영본부장은 4050이 도전해 보면 좋을 직종과 관련해 "40~50대 초반은 유튜브 크리에이터, 디지털 드로잉 등 프리랜서로 부수입을 낼 수 있는 기술 관련 직군에 대한 관심이 높은 반면, 50대 후반~60대는 시간 활용이 자유롭고 활동에 따라 일정 수입을 보장하는 배송, 돌봄교사, 기계·장비 수리, 강사 등의 활동을 선호하는 편"이라고 말했다.

2) 나이와 상관없이 할 수 있는 수익 얻는 방법

챗GPT가 불러온 오픈 AI(인공지능) 시장이 걷잡을 수 없는 속도로 빠르게 진화하면서 업무의 진화가 기술의 고도화는 물론 사회상의 발전으로까지 확산 중이다.

특히 기존 개인 간 격차의 가장 큰 요인으로 작용한 정보 격차를 해소해 주면서 단순 업무 보조의 개념을 넘어 직업적 장벽을 초월하는 수준의 영향력을 발휘하는 등 전에 없던 새로운 방식의 N잡 열풍을 만들어 내고 있다.

글로벌 AI 전망에 따르면, 오픈 AI를 이용한 부업 시장은 꾸준히 성장하고 있다고 한다. 이를 통한 기회도 증가하는 추세다. 이는 기업들이 챗GPT와 같은 생성형 인공지능을 고객 상담, 콘텐츠 생성, 자동 응답 시스템 등 다양한 부문에서 활용하고 있기 때문으로 풀이된다.

생성형 AI 시장은 챗GPT와 같은 기술을 활용해 글 작성, 문제 해결, 콘텐츠 생성 등 다양한 작업에 활용된다. 지난해까지 약 149억 달러의 시장을 형성했다. 올해 401억 달러를 시작으로, 2025년 686억 달러 등 2027년까지 약 1,511억 달러까지 성장할 것으로 분석되고 있다.

개인의 영역에서도 개개인의 능력과 관심사에 따라 다양한 형태로 부업이 발전하는 중이다. 자신의 지식, 경험, 취미, 관심사 등을 블로그나 유튜브 채널을 통해 공유하고 해당 플랫폼의 수익 구조를 기반으로 새로운 수입원으로 삼는 크리에이터의 형태가 일반적이다.

또한, 자신의 전문 분야를 가르치는 강의를 온라인 플랫폼을 통해 유료로 제공하는 방식은 물론, 자신의 집이나 방을 플랫폼을 통해 공유하고 오픈 AI를 활용해 마케팅을 진행하는 형태의 부업도 인기다.

오픈 AI와 챗GPT 같은 기술을 통해 누구에게나 부업의 문이 열려있고, 나이와 상관없이 자신만이 경험과 지식, 취미 등으로 누구나 새로운 수입을 만들 수 있다.

3) 이상적인 목표 설정

산업이 다양해지고 할 수 있는 일도 많아지게 되면서 나이가 고령화되어도 얼마든지 부수입을 만들 수 있는 시대를 살고 있다고 할 수 있다. 다만 새로운 기술을 배울 수 있는 기본적인 체력과 지적 능력, 배움에 대한 적응력과 응용력 등이 필요하다.

또한, 배우고 적응하며 새로운 형태의 부업을 만들어 가는 데는 상당한 시간과 노력이 든다. 배송 부업처럼 시간과 수익을 등가 교환하는 형태의 부업보다는 기초 작업을 통해 꾸준히 수익을 얻을 수 있는 형태의 부업이 더욱 효과적이라고 할 수 있다.

N잡러로서 여러 가지 부가적인 수익을 만들어 갈 때는 항상 자동화가 가능한지를 고려하면서 진행하는 것이 좋다.

이상적인 목표는 여러 가지 부업의 형태를 효율적으로 운영하면서 만들어 가되 지나치게 무리한 목표를 설정하지 않는 형태로 세우는 것이 중요하다.

4. 건강

평균연령이 늘어나게 되면서 가장 큰 이슈로 부상되고 있는 것은 바로 건강이다. 물론 인간의 삶에 있어 건강은 항상 가장 중요하고, 최우선으로 여기는 것이 당연할 것이다. 건강한 경제적 자유를 얻는 것의 가장 기본적이고 또 가장 중요한 건강에 대해 우리는 무엇을 오해하고 있을까? 과연 우리가 생각하는 건강과 실제 그 건강을 이루어 가는 목표는 어떻게 만들어 가야 할까?

(1) 평균연령과 건강

중위연령이라는 용어가 있다. 한 나라의 전체 인구를 연령 순서로 줄을 세웠을 때 한가운데 있는 사람의 연령을 말한다. 인구학에서 인구 전체의 평균연령보다 중위연령을 더 의미 있게 따지는 것은, 실제 연령의 대푯값을 알 수 있기 때문이다. 2022년 대한민국의 중위연령은 남자 43.6세, 여자 46.5세로 평균 45세이다. 다른 말로, 대한민국의 실제 평균 나이가 45세인 셈이다. 2002년 월드컵 당시 대한민국의 중위연령은 31.8세로 인구 구조학에서는 황금기로 불렸다.

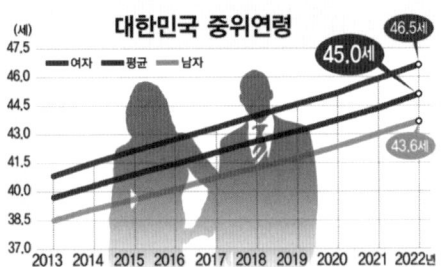

가까운 나라 일본은 빠르게 선진국 대열에 들어섰지만, 역으로 중위연령이 높아지며 고령화사회에도 더 빠르게 진입했다. 이미 1992년 중위연령이 38.5세에 접어들었다. 서서히 혁신과 성장이 감소한다는 말을 들었다.

현재 일본은 중위연령이 50세에 육박한다. 코로나 팬데믹에 선진국 일본이 왜 그렇게 대처를 못 했는지 여러 분석이 나왔는데 여전히 아날로그적으로 일하는 사회 시스템이 지적되었다. 인터넷과 앱을 통해 코로나 관련 정보를 신속하게 파악하고 국민에게 전달하는 한국과 달리 일본은 문서 위주로 정보를 처리하고 도장으로 서류를 결재한다. 급박하게 변하는 유행병 시대에 빠른 대처가 안 되니 결국 초기 코로나 확산을 막지 못했다는 설명이다. 중위연령 50세의 일본은 아무래도 변화에 대한 적응과 탄력이 떨어졌다는 해석이다.

대한민국도 2020년을 기점으로 본격적인 고령사회에 접어들었다고 말한다. 당장 2030년이면 중위연령은 49.8세, 즉 50세에 접어들 예정이다. 태어나서 50년은 살아야 어느 정도 사회에서 중견의 역할을 할 수 있다는 말이다. 미리부터 팍팍한 삶의 여정이 예약된 것 같아 안타까운 마음도 든다.

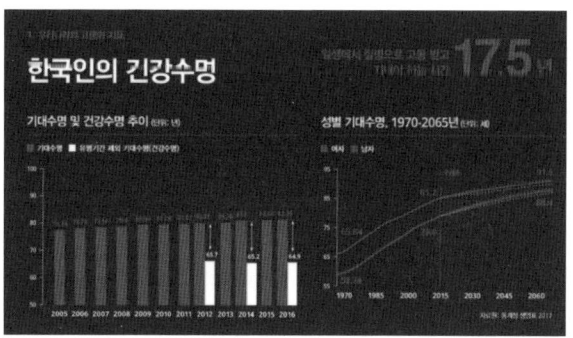

노인의 절반 가까이 자신의 건강 상태에 만족하지 않는 것으로 생

각하는 것으로 나타났다. 우리나라 7명 중 1명은 노인(65세 이상)이며 노인 중 44%가 자신의 건강 상태에 만족하지 않고 40%는 자신의 건강이 나쁘다고 생각하는 것으로 나타났다. 또한, 대부분의 노인은 만성질환을 한 개 이상 가지고 있고(90%), 만성질환이 3개 이상인 노인들도 절반(51%)으로 조사됐다.

뿐만 아니라 노인들은 통상 4개 이상의 약물을 매일 복용하는 것으로 나타났으며, 2016년 현재 기대수명은 82.4세이나 건강수명은 64.9세로 생애 마지막 17.5년을 질병으로 고통받고 지내고 있다.

분당서울대병원 이동호 이사장은 "급속한 인구 고령화를 겪고 있는 우리나라에서 노인 의료비 급증 등 인구 고령사회에 대한 부정적인 측면만이 부각되는 것 같아 아쉽다"며 "질병의 조기 진단과 치료의 발전을 통해 질병으로부터 자유롭게 더 건강하게 살 수 있는 예방적 생활습관 전파로 건강 100세 시대를 열어가는 것이 중요하다"고 강조했다.

이 자료를 통해 알 수 있는 사실은 경제적으로 자유를 얻는다고 해도 그 자유를 얻은 후의 삶의 질은 건강에 달려있는데, 건강수명이 다하면 17년이 넘는 기간을 질병으로 고생하며 지내게 된다는 것이다.

어쩌면 경제적인 자유보다도 건강에 대한 자유가 더욱 중요한 이슈가 아닐까? 경제적인 자유를 얻는 것의 가장 기본은 바로 건강에서 자유를 얻는 것일 것이다.

(2) 건강에 대한 오해와 진실

최근 건강에 대한 관심이 늘어나게 되면서 건강식품 시장이 매우 빠르게 성장하고 있다.

한국건강기능식품협회는 국내 건강기능식품 시장이 매년 외연 확장을 거듭해 올해 2022년 국내시장 규모가 6조 원을 넘어섰다고 밝혔다. 해당 협회가 전문 리서치기관과 함께 전국 5,000가구를 대상으로 구매지표를 조사한 결과, 올해 시장 규모는 6조 1,429억 원으로 추산됐다. 지난해(5조 6,902억 원)와 비교해 8% 성장한 수치다.

건강기능식품은 코로나19 장기화와 전 연령에 걸친 건강 중시 트렌드에 힘입어 경기 침체에도 지속적 성장세를 보여왔다. 지난 2019년 4조 8,936억 원이었던 시장 규모는 3년 만에 25% 더 커졌다.

건강기능식품 구매자도 꾸준히 유입되고 있는 것으로 나타났다. 올해 구매 경험률은 82.6%로 전년보다 소폭 늘어난 것으로 측정됐으며, 2021년부터 나타난 소비력(평균 구매액) 강화 흐름이 최근까지 이어지며 가구당 연간 약 35만 8,000원을 건강기능식품 구매에 지출할 것으로 예상됐다.

또한, 전체 건강기능식품 시장을 직접 구매 및 선물 시장으로 구분했을 때 각각 71.1%, 28.9%로 집계됐다. 작년 위드 코로나로 잠시 반등

했던 선물 시장이 안정화에 접어들며 올해는 선물보다 직접 제품을 구매하는 경향을 보인 것으로 협회는 분석했다.

건강기능식품 취식 연령은 온 가족뿐만 아니라 개개인의 건강에 맞춰 관리하는 추세를 반영해 공동 취식과 개인 취식 시장이 균형 있게 성장했다. 특히 51~60세 이상(16.5%), 61세 이상(10.7%)의 성장세가 두드러진 것으로 조사돼 활기찬 노후를 꿈꾸는 '액티브 시니어' 시장의 중요성을 시사했다.

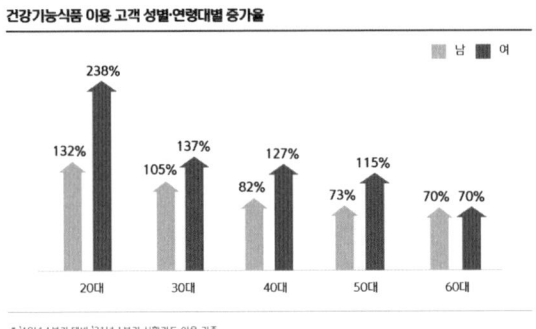

또한, 매우 재미있는 사실은 MZ세대의 건강 관리에 대한 관심도 눈에 띄게 증가했다는 것이다. 신한카드 트렌드 정보에 따르면 건강기능식품 이용 고객 성별 및 연령대별 증가율은 20대가 폭발적으로 많았다.

MZ세대는 개인화에 대한 요구가 높은 세대이다. 이들은 인터넷과 소셜 미디어를 통해 자신만의 건강 정보를 찾고, 이를 개인화된 방식으로 접근한다. 개인화된 건강 관리 애플리케이션을 이용하거나 건강 검진 결과를 기반으로 맞춤형 건강 케어를 받는 경우가 많다. 개인화를 중요하게 생각하는 MZ세대의 특징에 맞춰 개인의 건강 상태 및 신체적 특성 파악을 통한 맞춤형 건강기능식품을 제공하는 것 또한 중요해졌다. 인공지능과 빅데이터 기술을 활용하여 개인 맞춤형 영양제를 추천해 주는 건강기능식품 플랫폼들이 등장하고 있다.

이토록 건강기능 식품 시장이 눈에 띄게 성장하고 있지만, 건강기능식품은 건강을 도와주고 보조하는 식품이라는 점을 인식해야 한다.

건강기능식품은 질병을 치료하는 의약품이 아니다. 의약품은 질병을 진단, 치료, 예방하기 위해 사용되며 사람이나 동물의 신체 구조나 기능에 약리학적 영향을 준다. 건강기능식품은 건강기능식품법률에 따라 인체에 유용한 기능성을 가진 원료나 성분을 사용해 정제, 캡슐, 액상 등 여러 가지 제형으로 제조·가공한 식품을 말한다. 일일 섭취량이 정해져 있으며, 건강기능식품 문구와 마크가 있다.

반면 건강식품은 식품위생법에 따라 제조 가공한 일반 식품 중 건강에 좋다고 인식되는 제품을 일반적으로 통칭하는 것이다. 예로는 장어즙, 도라지청, 효소식품 등이 있으며 정해진 규정이 없는 단순한 식품으로, 건강기능식품 문구나 마크가 없다.

건강기능식품은 의약품처럼 치료의 목적으로 사용하는 것이 아니다. 건강한 식습관이나 운동, 건강한 생활습관 없이 건강기능식품에만 건강을 의지하는 모습은 좋지 못하다.

　건강기능식품은 치료가 아닌 예방이 목적이다. 아프면 병원에 가서 이에 맞는 의약적 치료를 받는 게 가장 좋다. 김현정 제주대 식품생명공학과 교수는 "건강기능식품이 질병을 치료한다는 선입관이 있는데 이건 오해다. 오히려 건강할 때 운동해 체력을 유지하는 것과 같은 이치로 접근해야 한다"고 말했다.

5. 잘 배우기 위해 필요한 것

　앞서 이야기했던 것처럼 경제적 자유를 얻기 위해서는 여러 가지 신기술을 배우고 트렌드를 익혀 가는 것이 필수가 되었다. 배움에 있어서 가장 바람직한 자세는 어떤 것일까? 잘 배우기 위해서는 어떤 것들이 필요한 것인가에 대해 이야기해 본다.

(1) 뇌건강의 중요성

　최근 뇌건강에 대한 매우 많은 연구와 관심이 높아지고 있다. 건강한 경제적 자유를 얻기 위해 뇌를 건강하게 유지하고 젊은 뇌를 만들고, 뇌건강을 위한 생활 습관 등을 지키고, 그렇게 뇌건강을 통해서 경제적인 자유를 얻기 위한 것뿐 아니라, 길어진 평균연령으로 인한 고령화사회에서 가장 중요한 이슈로 꼽히고 있는 치매나 인지 능력 저하 등에 대한 부분도 해결할 수 있다.

건강한 100세를 사는 데는 건강한 뇌가 필수다. 특히 노인 스트레스는 우울증과 치매를 유발할 수 있어 생활 속 뇌건강을 위한 노력이 필요하다. 뇌의 노화를 방지하고 건강한 뇌를 유지하려면 어떤 생활습관이 필요할까?

전문가들은 편안한 마음과 미소, 건강한 식습관을 뇌의 젊음을 유지하는 3대 비결로 꼽는다.

(2) 뇌에도 쉼과 여유를 주자

'호흡'을 의식적으로 천천히 해본다. 호흡을 천천히 가다듬으면 근육은 이완되고 맥박이 천천히 뛰고, 혈압이 자연스럽게 떨어진다. 두 번째는 '미소'이다. 미소를 띠면 사람은 몸과 마음이 이완된다. 일부러 미소를 지어도 좋다. 미소진 얼굴만 만들어도 몸과 마음이 이완되고 편안해진다.

뇌가 편안한 최적의 환경을 만들어 주는 것도 중요하다. 이상현 일산병원 가정의학과 교수는 한국건강관리협회 〈메디체크 건강소식〉 4월

호에서 "환자에게 '휴씩'을 하라고 한다. 휴식이 아니라 '휴씩'이다. 숨을 '휴~' 내쉬며 무겁게 힘 들어간 어깨는 편안히 내리고, 숨을 들이쉬며 '씩~' 한번 웃어보라고 권한다"며 "어깨는 내리고 입가는 올려 미소 지으면 우리의 뇌는 현재 상황을 편하게 받아들일 것"이라고 말했다.

(3) 배움을 스트레스가 아닌 즐거움으로 느끼자

생성형 AI와 챗GPT 등으로 인해 시대가 급격하게 변하고 있다. 시대에 적응하지 못하면 점점 자동화되고 고도화되는 시대에 경제적 자유를 얻는 게 매우 어려워질 것이다. 뇌건강에 대한 이야기를 통해 뇌를 건강하게 유지하기 위해서는 쉼과 여유를 주는 것이 중요하다는 이야기를 했다. 배움을 부담감이 아닌 즐거움으로 받아들이는 자세가 경제적인 자유를 얻기 위한 매우 중요한 기능적 역할을 하고, 또한 건강한 뇌건강을 통하여 육체적으로도 건강한 노후를 준비하는 것이 중요하다.

6. 40대가 준비해야 할 경제적 자유와 해결할 일들

지금까지 건강한 경제적 자유를 위한 여러 가지 이야기들을 했다.

집 앞 공원에서 달리기를 하며 느꼈던 여러 가지 원리들을 통해 나의 삶에서도 어떻게 적용해 나가야 하는지 고민해 보았다.

경제적 자유를 얻기 위해서 N잡러로서 여러 가지 일들을 자동화시켜서 수익을 얻어가고, 자신에게 가장 잘 어울리는 목표를 설정해야 한다.

경제적 자유를 누리는 기본적인 3가지 원리인 건강과 배움 그리고 행동력에 대한 이야기를 나누었다.

건강식품에 기대지 않는 건강한 식습관과 생활습관 그리고 건강한 뇌건강을 유지해야 한다. 건강한 뇌건강은 배울 수 있는 능력을 주어 경제적인 자유를 이루게 해줄 뿐만 아니라, 건강수명을 길게 만들어 주어, 길어진 평균연령 속에서 더욱더 만족스러운 건강수명을 통해 건강한 경제적 자유를 이루어 줄 것이다.

유튜브를 시청하며 점점 행동으로 옮기는 데에 어려움을 느껴가고 있는 시대에 이 내용들을 충실히 그리고 용기 있게 이루어 내는 사람들이야말로, 건강한 경제적 자유를 이루어 나가게 될 것이다.

40대는 우리나라 평균 중위연령이 되었다. 중위연령은 시간이 갈수록 올라가겠지만, 인생의 시계로 보았을 때 가장 중심에 있는 시간임은 분명하다.

인생의 중간고사를 치르는 마음으로 40대에는 건강한 경제적 자유를 이루기 위해서 건강과 배움 그리고 행동을 통해서 앞으로의 삶을 잘 준비해 나가야 할 것이다.

오늘도 집 앞 공원 산책로에서 건강한 미래와 건강한 경제적 자유를 기대하며 열심히 달려본다.

참고문헌

- 동아일보, "그냥 달려, 코로나 따윈 잊고…2030, 마라톤에 입덕"
- 삼성증권 포트폴리오팀, "스마트 헬스케어 산업이 성장할 수밖에 없는 이유"
- 뉴스핌, "교육 자율성 부재…MZ 관통한 '불공정' 이슈"
- 경향신문, "한국 청년 70%는 대학진학… 10년째 OECD 1위"
- 조선일보, "유튜브에 빠진 한국… 1인당 매달 40시간씩 봐"
- 중앙일보, "현재 N잡 하고 있다, 20대도 34%… 이 직업이 제일 많았다"
- 이뉴스투데이, "미래 '3000조' 시장 잡아라·'N잡' 열풍 주도하는 오픈 AI"
- 부산일보, "중위연령 45세"
- 후생신보, "고령사회 노인 기대수명 82.4세 건강수명 64.9세"
- 매일마케팅 신문
- 매일경제, "건강기능식품 오해와 진실 | 종합비타민·철분제 상극…궁합따져 복용"
- 경기일보, "건강 100세 시대… '뇌 건강' 챙기세요"

저자소개

김주성 KIM JOO SEONG

학력

- 캐롤라인 유니버시티 경영학 석사(MBA)

경력

- (사)온라인유통MD협회 수석이사
- 구리남양주 평생교육원 원장
- 서민금융진흥원 컨설턴트
- 서울시자영업지원센터 서울신용보증재단 컨설턴트
- 제주경제통상진흥원 컨설턴트
- 남양주소상공인 뉴스 발행인
- 온라인 판매, 온라인광고 전문가 '에그써티' 대표
- 고용노동부 HRD강사
- 소상공인시장 진흥공단 강사 (온라인 유통, 마케팅)
- 경기도 시장상권 진흥원 강사 (온라인유통, 마케팅)
- 콜라보마케팅 이사
- JSPDE 마케팅 회사 고문

저서

- 《ESG경영 사례연구》(공저)

연락처

- 이메일: jsdavidkim@naver.com

마음이 이끄는 경제적 자유(생각, 믿음, 열망)

박근영

1. 들어가며

경제적 자유를 이루는 것은 모든 사람의 로망이다. 많은 사람이 이를 꿈꾸지만, 실제로 경제적 자유를 이룬 사람을 찾기는 쉽지 않다. 많은 사람들이 경제적 자유를 얻기 위해 운, 투자, 저축, 절약 등 다양한 조건을 고려한다. 그들은 어떻게 하면 경제적 자유에 도달할 수 있는지 배우기 위해 강의를 듣고 책을 읽는 데도 많은 시간을 쏟는다. 그러나 우리가 놓치고 있는 사실이 있다. 부를 이루기 위해서는 마음가짐과 심리적 요인이 중요하다는 사실이다.

실제로 부를 이룬 사람들은 자신의 성공 요인으로 돈이나 투자 능력을 언급하지 않는다. 오히려 그들은 생각, 열망, 믿음 등의 마음가짐을 중요한 요인으로 꼽는다. 그렇다면 부를 이루는 데 필수적인 마음가짐이 경제적 자유를 달성하는 것과 어떤 관련이 있는지 살펴보자.

2. 경제적 자유와 파이어족

(1) 경제적 자유

사전적 의미의 경제적 자유란 직업, 재산, 사적 이윤, 계약 등의 경제적인 활동에 있어서 스스로의 의지대로 행동할 수 있게 경제적인 여유를 가지는 것을 의미한다.

《파이어(FIRE)》의 저자 강환국은 경제적 자유를 "내가 하고 싶은 일만 하는 것" 그리고 "내가 만나고 싶은 사람만 만나는 것"으로 정의했다. 즉 경제적 자유란 자신이 하고자 하는 일을 하는 데 있어서 자신의 의지대로 행동할 수 있는 여유를 말하는 것이다.

많은 사람이 파이어족이 되고 싶은 가장 큰 이유는 자유를 얻기 위해서이다. 만약 경제적 자유를 달성했다면 정말 가기 싫은 회사를 갈 필요가 없기 때문이다. 즉 시간적 자유를 누릴 수 있게 되는 것이다. 돈을 잘만 활용하면 오히려 시간을 살 수도 있다. 시간적 자유와 경제적 자유, 정신적 자유를 다 얻을 수 있다. 이 자유라는 말 이면에는 많은 책임감과 노력, 자신을 통제할 수 있는 능력 등이 필요하다.

(2) 파이어족

파이어족은 FIRE는 'Financial Independence, Retire Early'의 앞글자를 딴 것이다. 파이어족은 경제적 자립을 토대로 자발적 조기 은퇴를 이룬 사람들을 일컫는다. 즉 경제적 자립을 통해 빠른 시기에 은퇴하려는 사람들을 뜻하는 말이다.

좀 더 자세히 얘기하면 경제적 자유와는 조금 다른 의미이지만, 경제적 자유를 통해 시간의 자유를 얻는 것과 연관이 있다는 점이 파이어족들이 추구하는 방향성이다.

경제적 자유와 심리적 자유는 매우 중요한 측면으로 간주되며, 이 두 가지 자유의 균형을 찾는 것은 삶의 품질과 만족도를 높이는 핵심 요소이다.

3. 그 많던 파이어족은 어디로 갔을까?

5년 전부터 '경제적 자유', '조기 은퇴', '파이어족', '영앤리치' 등의 키워드가 사회적 큰 관심을 끌었다. 이와 관련된 블로그와 유튜브 채널이 생겨나며, 부의 추월차선을 향한 노력들이 심심찮게 보였다. 그러나 최근에는 경제적 자유를 외치던 파이어족들이 자취를 감췄다.

2020년, 코로나19의 발생은 전 세계적으로 큰 변화를 가져왔다. 불확실성이 증가하면서 자산 관리 방식에도 변화가 생겼다. 우리나라는 셧다운 단계에 이르진 않았지만, 외부 활동 및 단체 활동이 제한되면서 지역경제를 기반으로 하는 자영업자들의 매출이 많이 감소했다. 이를 해결하기 위한 대책으로 통화량을 늘린 시기였다.

이러한 상황에서 자산 관리에도 큰 변화가 찾아왔다. 코로나19는 제로금리에 가까운 초저금리 시대를 가져왔고, 이로 인해 저축에서 투자로의 자산 관리 패러다임이 전환되었다. 2020년 초에 코로나19가 세계를 강타하자 증시로 유입된 자본은 주식, 부동산, 코인 등의 자산으로 쏠렸고, 그해 4월부터 모든 자산이 폭등했다. 이 시기에 주식, 코인 등으로 자산이 증식된 사람들이 생겨났고, 파이어족이라는 단어가 나오기 시작했다.

출처: 기획재정부

2021년 잡코리아와 알바몬에서 20~30대 성인남녀 1,117명을 대상으로 설문조사를 진행한 결과, 한국의 20~30대 성인 5명 중 2명은 한국형 파이어족이 되기 위해 준비하고 있다고 답했다.

먼저 '젊은 시절 바짝 모아 자발적으로 조기에 은퇴하는 파이어족이 될 생각이 있는가'라는 물음에 전체 응답자 중 과반수인 57.0%가 '있다'고 답했으며, 현재 '파이어족이 되기 위해 준비하고 있는가'라는 질문에는 41.0%가 '준비하고 있다'고 답했다. 이전에도 경제적 자유를 향한 파이어족의 언급은 있었지만, 코로나 시기 이후로 많은 사람들이 이에 대한 관심을 더욱 갖게 된 것이다.

하지만 최근에는 경제적 자유를 외치며 파이어족을 꿈꾸던 이들의 기세가 꺾였다. 실질 소득이 감소했기 때문이다. 코로나로 인해 폭등한 자산이 1년 만에 대폭 하락했다. 안전자산으로 알려진 부동산도 고점에서 대폭 하락했으며, 물가도 급격하게 올랐다. 자산의 급락과 물가 상승은 그들이 예상했던 범위를 넘어섰고, 경제적 자유와 조기 은퇴를 선언했던 이들도 재취업을 고려하고 있다.

경제적 자유를 얻지 못한 이유를 단순히 예상치 못한 상황으로만 설명하기 어렵다. 왜냐하면 동일한 환경 속에서도 경제적 부를 달성을 성취한 사람들이 있기 때문이다. 이에 경제적 자유를 이끈 요인이 무엇인지 살펴보고자 한다.

4. 경제적 자유를 달성하기 위한 조건

모든 사람이 경제적 자유를 갈망하지만 이를 실현하기는 쉽지 않다. 그러나 일부 사람들은 부의 축적과 함께 경제적 자유를 이루어 낸다.

나폴레온 힐은 저서 《생각하라 그리고 부자가 되어라》에서 부자가 되는 데 필요한 여러 요인을 제시했다. 그중에서도 심리적 요인인 생각과 믿음, 열망을 특히 강조했다. 이러한 요소들은 부의 달성에 있어서 핵심적인 역할을 하며, 경제적 자유를 이루는 데 중요한 역할을 한다.

(1) 생각

생각은 경제적 자유를 달성하기 위해 필수적이다. 생각은 모든 부의 토대를 형성한다. 이 세상의 모든 발명도 그 출발선은 생각이다. 하지만 명확한 목표가 없는 출발선은 어떤 생각도 원대한 생각으로 발전할 수 없다. 부자가 되려는 열망은 먼저 자신이 부자가 될 수 있다고 생각하는 것으로부터 시작된다. 긍정적인 마음가짐과 생각은 실행을 이끌어 내는 원동력이 된다.

이것은 마치 건물을 짓기 전에 철제 골조를 세우는 것과 같다. 생각이 우리가 향하는 방향과 그 과정에서의 행동을 결정하기 때문이다. 분명한 목표와 끈기를 갖고 불타는 열망과 결합된 생각은 그 자체로 강력한 힘을 지니게 된다.

생각을 하고 명확한 목표를 세워야 한다. 그리고 목표가 정해지면 그것을 달성하기 위해 모든 노력을 다해야 한다. 이러한 노력과 집중이 부를 만들어 낸다. 생각은 자신의 믿음과 열망을 물질적인 성취로 이끌어 낸다.

파이어족으로 성공한 사람들의 사례를 보면, 그들 모두 철저한 계획 수립을 강조했다. 그들은 지출, 수입, 투자 등을 고려하여 명확하고 현실적인 목표를 설정했고 그에 따른 계획을 세웠다.

하지만 경제적 자유를 얻지 못한 사람들은 이미 시작하기도 전에 포기하는 생각에 빠지고 만다. 이들은 자신의 출신, 학력, 재정적 상황 등을 핑계로 들어 실패를 수용한다. '나는 부자가 될 자질이 없다', '부와 인연이 없다'고 자기 스스로를 낮춘다. 이러한 마음가짐은 어떤 노력도 헛된 것으로 여기게 하며, 자기 자신의 성장과 발전을 막는 심리적 장애로 작용한다.

경제적 자유를 얻지 못한 이들의 대다수는 '안 될 거야'라는 생각에 사로잡혀 있다. 이들은 자신에게 가능성을 부여하지 않고, 노력과 투자를 통해 변화를 이끌어 내는 것에 대한 희망조차 잃어버린다. 결과적으로, 자기 신뢰가 부족하고 적절한 목표 설정을 하지 못한 채 경제적 자유를 달성하는 데 실패하게 된다.

경제적 자유를 달성하기 위해 목표를 설정하는 것은 매우 중요하다. 목표를 설정하면 다양한 면에서 개인의 성장과 발전을 촉진할 수 있다.

첫째, 명확한 목표를 설정하면 자신에 대한 믿음과 자신감이 강화된다. 목표를 향해 나아가는 과정에서 자기 신뢰가 높아지고, 자기 주도성을 발휘할 수 있다. 이는 개인이 자신의 능력을 믿고, 성취할 수 있다는 자신감을 불러일으킨다.

둘째, 명확한 목표를 가지면 상상력과 열정이 촉발된다. 목표를 향해 노력하는 과정에서 상상력을 발휘하고, 목표를 이루기 위한 열정을 키울 수 있다. 이는 개인이 목표를 달성하기 위해 더 집중하고 효과적으로 노력할 수 있도록 돕는다.

셋째, 명확한 목표를 가지면 시간과 자원을 효율적으로 관리할 수 있다. 목표를 가지고 있으면 일상적인 활동을 계획하고 시간과 자원을 효율적으로 활용할 수 있다. 이는 개인이 자신의 목표를 달성할 수 있도록 돕는다. 또한, 명확한 목표를 가지면 기회를 파악하고 신속하고 단호한 결정을 내릴 수 있다. 목표를 설정한 개인은 목표를 이루기 위한 기회를 놓치지 않고, 필요한 결정을 신속하고 단호하게 내릴 수 있다. 이는 개인이 성공을 향해 더욱 빠르게 전진할 수 있도록 돕는다.

마지막으로, 명확한 목표를 가지면 자신에 대한 믿음이 강화된다. 목표를 향해 나아가는 과정에서 개인은 자신에 대한 믿음을 갖고 성공을 향해 나아갈 수 있다. 이는 개인이 어려움에 부딪혔을 때도 희망을 잃지 않고 계속해서 노력할 수 있도록 돕는다.

우리의 뇌는 강력한 목표와 계획이 생기면 관련 정보, 노하우, 스킬을 아주 빨리 습득한다. 그래서 부자가 되는 계획이 있는지 없는지는 하늘과 땅 차이이다. 때문에 목표를 설정하는 것은 경제적 자유를 달성하는 데 매우 중요하다. 목표를 설정하고 그것을 향해 노력하는 과정에서 개인은 자기 성장과 발전을 이룰 수 있으며, 경제적 자유를 실현할 수 있다.

(2) 믿음

부를 이루기 위해서는 '믿음'이라는 심리적 요인이 큰 역할을 한다. 믿음은 개인이 자신의 가능성과 능력을 인식하고 이를 실현하기 위해 힘을 발휘하는 데 필수적인 동력이 된다.

먼저 스스로를 알고, 믿는 것이 중요하다. 경제적 자유를 얻기 위한 필승법은 존재하지 않지만, 각 개인에게 맞는 성공 방식은 존재한다. 이를 발견하기 위해서는 자신을 충분히 알고, 그에 맞는 목표를 설정하고 계획을 세워야 한다. 이렇게 명확한 목표를 가지고 있는 사람들은 결정을 내릴 때 주변의 영향을 받지 않고 자신의 우선순위를 중시한다.

자기 자신을 알고 믿는 것은 불안한 상황에서도 용기를 발휘할 수 있는 기반이 된다. 우리나라에는 다른 사람의 시선을 많이 의식하는 문화가 있다. 이런 상황에서 뻔뻔해질 수 있는 용기가 필요한데, 이것은 나를 잘 알고 내가 성공할 수 있다는 확신에서 나온다. 자기를 잘 알지 못하고 다른 사람의 의견에 휘둘리면 원하는 길을 찾지 못하고 부의 기회를 놓칠 수 있다.

또한, 자신에 대한 믿음은 부의 풍요로운 삶을 실현하는 데 큰 영향을 미친다. 자신과 자신의 능력을 믿는 것은 경제적 자유를 이루는 길을 열어준다. 믿음은 마음의 연금술사로서 생각과 결합할 때 즉시 잠재의식을 활성화시키고, 그것을 무한한 지성으로 전파한다.

하지만 믿음은 완벽하지 않으면 효과를 발휘하지 않는다. 의심과 불안으로 마음이 가득하다면 믿음이 형성되지 않는다. 따라서 우리는 자신의 능력과 가능성에 의심을 품지 않고 자신에 대한 믿음을 강화해야 한다. 믿음은 우리의 행동을 지배하고 목표를 실현하는 데 필요한 원동력이 될 것이다.

(3) 열망

열망은 부의 달성을 위한 역동적인 힘이 된다. 강한 열망을 가진 사람들은 자신의 목표를 향해 끊임없이 노력하고 희생할 의지를 가지게 된다. 이 열망은 결국 경제적 자유를 이루는 데 필수적인 역할을 한다.

누구나 부를 이루고 싶어 한다. 하지만 소망이 부를 가져다주진 않는다. 부를 열망하고, 마음을 온전히 쏟아붓고, 확실한 방법과 수단을 계획하고, 실패를 생각지 않고 고집스럽게 그 계획을 따라야만 부가 찾아온다.

부에 대한 열망을 재화로 변화시키려면 명확한 목적, 자신이 무엇을 원하는지 알고, 그것을 달성하겠다는 불타는 열망이 필요하다.

열망이 있는 사람은 목표를 향해 더 큰 노력을 기울인다. 그들은 필요한 자원을 얻기 위해 더 많은 노력을 하며, 기회를 빠르게 포착하고 결정을 내릴 수 있는 능력을 키운다. 모든 행동은 결국 이 목적과의 일치를 고려해야 한다. 목표가 열망과 일치한다면 그것은 우리의 인생 목적을 이루는 일이다. 목표는 우리의 의식과 무의식에 스며들어 우리의 행동을 결정한다.

부의 창출을 원한다면 먼저 부자가 되고자 하는 강한 열망을 가져야 한다. 우리는 부를 의식적으로 생각해야 한다. 그렇게 하면 부의 열망이 부를 현실로 만들 수 있는 명확한 계획을 만들어 낸다. 불타는 열망은 꿈을 이루고자 하는 사람들의 출발점이자 도약대. 무관심하거나 나태한 자세로는 꿈을 이룰 수 없다. 자신에 대한 믿음이 열망의 힘을 실현한다. 열망은 불가능한 것을 가능하게 만들며, 실패를 받아들이지 않게 하는 힘이 된다.

5. 마치며

경제적 자유를 얻기는 쉽지 않지만, 그렇다고 불가능한 것은 아니다. 부를 이루기 위해서는 생각, 믿음 그리고 열망이라는 심리적 요인이 필요하다. 이는 우리가 어떤 목표를 이룰 때도 중요한 역할을 한다.

경제적 자유를 향한 여정에서 성공한 사람들은 자신의 목표를 분명하게 설정하고, 그것을 이루기 위해 끈질기게 노력한다. 그들은 자신의 능력을 믿으며, 어려움에 부딪혀도 포기하지 않는다. 이런 마음가짐을 토대로 지식과 스킬을 지속적으로 향상시키며, 자기계발에 힘을 쓴다. 또한, 돈을 효율적으로 관리하고, 투자에 대한 지식을 쌓아가며 재무적인 목표를 설정하고 실행에 옮긴다.

이러한 특징들은 부의 축적과 경제적 자유를 이루기 위한 중요한 요소로 작용한다. 생각, 믿음 그리고 열망은 부의 달성에 있어서 핵심적인 요소이며, 이는 경제적 자유를 이끄는 심리적 요인으로 작용한다.

따라서 경제적 자유를 얻기 위해서는 자신의 가능성을 믿고, 적절한 계획과 목표를 설정하는 것이 중요하다. 실패를 두려워하지 않고 끊임없이 노력하며, 자신의 한계를 넘어서는 노력이 필요하다. 이러한 생각, 믿음, 열망은 우리를 경제적 자유로 이끌 것이다.

참고문헌

- 강환국, 《파이어》, 페이지2북스, 2022.
- 이동훈, 《어떻게 경제적 자유를 얻을 것인가》, 해냄, 2021.
- 나폴레온 힐, 빌 하틀리, 《생각하라 그리고 부자가 되어라》, 이한이 옮김, 반니, 2021.
- 나폴레온 힐, 《나폴레온 힐 부자의 철학》, 최은아 옮김, 미래지식, 2023.
- 월리스 와틀스, 《부의 바이블》, 김정우 옮김, 부커, 2023.
- 은퇴연구소, 《부의 지식 사전》, 체인지업, 2023.
- 이다원 기자, "K-파이어족 4.3억 모아 39살에 조기 은퇴", 이투데이, 2021.03.18.
- 구상헌 기자, "K-파이어족, 조기 은퇴를 위한 조건은?", 이투데이, 2021.04.10.
- 기획재정부 공식 네이버 블로그(MOEF), "욜로는 끝났다, K-파이어족", 2022.06.15.
- 기획재정부 홈페이지(https://www.moef.go.kr)

저자소개

박근영 PARK GEUN YOUNG

학력

- 경희대 일본어 학사
- 광운대 상담심리치료 석사

경력

- VERYDEP 대표
- 구리남양주 평생교육원 강사
- 유통MD협회 정회원
- 고용노동부 HRD 강사

자격

- 심리상담사 2급
- 채용면접관 1급
- SNS마케팅 전문가 1급

파이어족과 경제적 자유

이가원

1. 경제적 자유를 통한 파이어족 되기

파이어족이란 경제적 자립(Financial Independence)의 앞글자 FI와 조기 은퇴(Retire Early)의 앞글자 RE의 합성어로, 경제적 자립을 통해 자발적인 조기 은퇴를 이룬 사람들을 일컫는 말이다(나무위키, 2024).

매일 아침에 일어나 출근길 지옥철에 몸을 구겨 넣고 사무실 데스크에 앉아 기계처럼 일하는 일상을 늙어 죽을 때까지 반복하고 싶은 사람은 아무도 없다. 하지만 왜 대다수의 사람들은 경제적 자유를 통한 조기 은퇴에 실패하고 삶의 많은 시간을 직장에서 보내야 하는가?

반복되는 쳇바퀴 같은 출근에서 벗어나 파이어족이 되기 위해선 무엇을 준비해야 하는지 소개해 보려 한다. 이젠 경제적 자유를 통해 조기 은퇴를 실현할 때다. 지금이 언제든 결코 늦지 않았다. 가장 늦었다고 생각할 때가 가장 빠를 때라는 말이 있지 않은가.

(1) 출근에 익숙해지지 말 것

오늘도 하고 싶었던 일들을 뒤로 미룬 채 삶을 유지하기 위해 출근을 한다. 언젠가는 한적한 곳에 별장을 짓고 가족들과 여유롭게 시간을 보내는 것, 세계 어딘가로 여행을 떠나는 것, 매일이 파티 같은 삶을 보내는 것, 하지만 당장의 삶을 영위하기 위해서는 출근을 해야 하는 현실, 이런 현실에 익숙해지게 된 대부분의 직장인들은 결국 평생을 일하다 나이가 찰 대로 차서 은퇴를 하게 된다.

그러나 그때는 이미 하고 싶었던 것들은 잊어버린 뒤, 함께하고 싶었던 여러 사람들을 떠나보낸 뒤, 가고 싶었던 곳을 가기엔 몸이 너무 노쇠해져 버린 뒤다. 당신이 진정 자신의 삶을 주도적으로 살고 싶다면 당신은 은퇴를 앞당겨야 한다. 이 정도는 대부분 인지하고 있을 것이다. 하지만 왜 경제적 자유를 얻어 일찍이 은퇴하는 파이어족은 소수일까?

(2) 당신을 무력하게 만드는 매너리즘

먼저 많은 사람이 조기 은퇴를 실행하지 못하는 대표적 이유 중 하나는 바로 '매너리즘' 때문이다. 이 매너리즘이란 예술 양식을 지칭하는 용어인데 특정한 기법이나 형식이 반복되어 독창성이나 신선함을 잃어버리는 예술 작품을 지칭하기 위해 사용되었다. 하지만 요즘 다수의 현대인은 매일 같이 반복되는 출근에 익숙해져 위 예술 양식과 같이 항상 틀에 박힌 일정한 방식이나 태도를 취하는 경우가 많다.

실제 교직자들의 매너리즘을 연구한(박고운, 2009)의 연구에서는 교직 경력에 따라 경력이 10년 미만인 교사들보다 10년 이상인 체육교사들이 매너리즘을 더 많이 느끼는 것으로 나타났다. 반복적인 직장생활이 길어지게 되면 매너리즘 또한 크게 느끼는 것이다. 더군다나 대부분의 직장생활은 개인의 주관보단 규정에 맞게 처리해야 하므로 주도적으로 생각하거나 개인의 주관을 넣어 결정할 수 없다. 이러한 경험이 반복될수록 창의적인 사고가 어려워지게 되고 그렇게 계속 반복되는 쳇바퀴 같은 일상에 익숙해진 채 조기 은퇴는 점점 더 멀어지는 것이다.

알고 있는가? 역사적인 발명품은 모두 창의력을 통해 세상에 나오게 되었다. 항상 기억하고 생각하라. 매너리즘 속에 갇혀 무력한 나날을 보낼 순 없다.

(3) 당신을 계속해서 출근의 노예로 만드는 습관들

20대, 사회에 나오게 된 대부분의 사회초년생들은 버는 대로 족족 돈을 쓰게 된다. 크지 않은 수입에 많은 지출, 아직 제대로 된 경제관념이 제대로 자리 잡기 전이라 돈이 잘 모이지 않는다. 한 달 꼬박 일해 한 달 먹고 살기 때문에 은퇴는 너무나 먼 이야기이다. 그렇게 몇 년이 지나 어느 정도 안정을 찾게 된 당신은 적금도 들고 소비도 지출에 맞게 형성된다. (물론 소비 습관이 잘못된 채로 굳어져서 계속해서 빚을 늘리게 되는 유형도 있다.)

그렇게 돈 벌기를 반복하다 보면 어느새 보상심리가 생기게 된다.

SNS를 들여다보니 남들 다 가는 해외여행, 파인다이닝, 고생한 나를 위한 셀프 명품 선물 등을 즐기는 주변 욜로족을 보며 동경에 빠지고 어느덧 자신도 그동안 모아온 적금을 주기적으로 여행, 명품 소비 등을 통해 리셋 시키게 된다. 물론 그러기를 반복하면서 몇 년간의 직장생활을 통해 조금씩 목돈을 모은다. 하지만 그동안 쌓인 자유에 대한 갈망과 직장 스트레스로 인해 쉬고 싶고 어디론가 떠나고 싶고 내 삶을 찾고 싶다는 갈망은 점점 강해진다.

가슴속 한켠에 사직서를 품고 지내다 결국 미니 은퇴를 결심하게 되고 그렇게 미니 은퇴를 통해 드디어 직장에서 나와 그동안 모아둔 목돈으로 나만의 시간을 사게 되어 가끔은 행복하고 가끔은 무료한 날들을 보내며 지내게 된다. 가끔은 행복하고 가끔은 무료한 수입 없는 지출의 나날을 지속하다 또다시 주위를 둘러보게 된다. 어느덧 자리를 잡은 직장 동료나 경제적 안정을 찾아가기 위해 고군분투하는 또래 친구들을 보자 미래에 대한 걱정과 지속할 수 없는 현재에 대한 불안에 다시금 직장을 알아보게 되고, 결국 반복되는 일상 속으로 복귀한다.

이러한 루트를 몇 번 반복하다 보면 어느새 나이가 들어버린 자신의 모습을 마주하게 된다. 결혼 전에는 결혼 자금이 필요해서, 결혼 후에는 자녀들 양육비가 필요해서, 그다음은 노후 자금이 필요해서…. 당신이 출근을 멈출 새도 없이 현실은 계속해서 몰아친다. 그렇게 결국 직장을 그만두지 못하고 더 이상 일하지 못하게 될 때까지 출근을 반복하게 되는 것이다.

실제 위 사례는 라이프스타일의 변화, SNS의 발달 등의 영향으로 많은 젊은 층이 은퇴 자금을 모으지 못하는 이유이기도 하다. 남들 하는 거 다 하면서, 쓸 거 다 쓰면서 은퇴를 할 수 있는 사람이 과연 몇이나 될까? 파이어족이 되는 것은 결코 쉬운 일은 아니다. 하지만 미래의 시간을 사기 위해서는 현재의 욕구들은 잠시 미뤄둔 채 불필요한 습관과 지출을 줄이고 최소한의 은퇴 자금을 모아 파이어족이 되어야 한다. 그렇기 위해서는 당신의 여정에 지침이 되어줄 구체적인 계획과 동기부여가 필요할 것이다.

2. 파이어족의 설계

자! 그럼 이제 당신은 매너리즘과 반복되는 출근의 굴레 속에서 빠져나갈 궁리를 하게 되었다고 하자. 그렇다면 당신은 조기 은퇴를 하고 진정 자신이 원하던 방향대로 삶을 살기 위해 은퇴 계획을 세워야 할 것이다.

하지만 많은 사람들이 여기서 저지르게 되는 실수가 있다. 바로 은퇴까지만 계획을 세우고 은퇴 이후는 생각하지 않는다는 것이다. 은퇴하면 자연스럽게 행복이 얻어지고 눈 감을 때쯤 그래도 꽤 만족하는 인생이 얻어지는 줄 아는 것이다. 물론 은퇴하면 자신의 시간을 되찾을 수 있어 조금 더 행복에 가까워지는 것은 사실이다. 하지만 현실은 다르다. 실제 은퇴 후에 길을 잃어 남은 인생을 낭비하는 사례도 많다.

그것은 기적처럼 로또에 맞았지만 결국 그 돈을 모두 날리게 된 사람의 사례와 유사하다. 그들은 모두 내가 로또에 당첨된다면 새로운 차, 안정적인 집, 가족들과의 여행 등 머릿속엔 추상적인 지출 계획들만 있었을 뿐이다. 이런 추상적인 계획들은 결국 머릿속에서 흩어져 버린 채 기적같이 로또로 얻게 된 돈들을 모두 그저 흘러가는 대로 사용하게 되면서 여러 방면으로 그 돈을 잃게 되는 것이다.

인생도 마찬가지다. 추상적인 계획은 절대 인생의 길잡이가 될 수 없다. 당신이 진정 일찍이 자유를 얻어 만족스러운 인생을 살고 싶다면 은퇴까지가 아니라 내가 죽는 날까지 계획해야 한다. Well Being(좋은 삶)은 Well Dying(좋은 죽음)에서 온다는 말을 들어본 적 있는가? 비록 죽음은 아무도 예측할 수 없지만, 그 언제가 될 때까지 어떻게 살아야 하는지 구체적인 계획을 세워볼 필요가 있다. 경제적 자유를 통해 은퇴를 앞당기는 것에만 목표를 두는 것이 아닌 삶 전체를 목표로 두어야 하는 것이다. 지금부터 아래 세 가지 계획을 통해 당신의 조기 은퇴를 설계해 보라.

(1) 은퇴로 가는 구체적 계획

여기에는 당신의 조기 은퇴까지 필요한 금전 계획과 그것을 실행하기 위한 목표들이 기록되어야 한다. 당신은 평생을 일하는 욜로족이 될 것인가. 아니면 경제적 자유를 통해 일찍 은퇴하는 파이어족이 될 것인가. 돈은 버는 것보다 쓰는 것이 더 중요하다는 말이 있듯. 당신의 모든 지출을 정리해 불필요한 지출을 파악하고 그것을 줄여야 한다. 불필요하게 비싼 보험을 들진 않았는지, 자신의 쾌락과 편의를 위해 여러 구독 서비스를 이용 중이지는 않은지, 스트레스를 해소하기 위해 쇼핑과 외식 비용을 남발하고 있는 것은 아닌지…. 모든 지출을 정리한 후 항목별로 그룹 지어 한 달 지출 금액을 정리해 본다면 어떤 것을 줄여야 하는지 보다 명확하게 알 수 있게 된다.

명심하라. 쓸 것 다 쓰고 남들 하는 것 다 하게 되면 당신이 출근해야 하는 날이 늘어난다. 인스타그램 속 환상에 젖어들지 마라. 그것들은 모두 조기 은퇴 후에 누려도 늦지 않다.

그렇게 한 달 최소 지출 금액을 정하고 파이어족이 되기 위한 최소 은퇴 자금을 정해보자. 평생을 먹고 살기 위해선 수십억 원이 필요하겠지만, 최소 은퇴 자금은 수억 원 정도면 가능하다.

(2) 은퇴 이후의 삶의 계획

은퇴 이후 죽음으로의 길목까지 당신의 시간을 어떻게 보낼 것인지 생각해 보라. 내가 진정 꿈꾸던 것, 원하던 것을 떠올려 보면 도움이 된다. 허송세월만 보내다 그저 그런 인생으로 눈 감고 싶은 사람은 아무도 없을 것이다.

또한, 당신은 최소한의 은퇴 자금으로 평생을 영위하고 다양한 변수를 견뎌내기 위해선 돈 버는 파이프라인(일을 하지 않고도 돈이 들어오게 하는 것)을 만들어야 한다. 그러려면 은퇴 이후 은퇴 자금으로 돈을 벌 기회를 잡을 준비가 되어있어야 한다. 은퇴 이후는 늦다. 은퇴 준비를 하면서 투자를 공부하라. 현대에는 출근이 아니더라도 부를 축적하고 자산을 불릴 방법이 다양하다. 투자는 반복되는 경기의 호황과 불황 속에서 돈을 벌게 해준다. 당신의 투자 지식은 은퇴 이후에 계속해서 돈을 벌어다 줄 것이다.

(3) 당신의 삶을 선명하게 만드는 죽음

어떤 일이든 마무리가 중요한 것과 같이. 죽음은 인생의 마무리가 된다. 당신이 늙고 병들고 죽는다는 것을 두려워하지 마라. 유한한 인생은 자연의 순리이며 누구도 거스를 수 없다. 당신이 그것을 외면한다면 죽음은 갑작스러운 교통사고처럼 당신과 마주하게 될 것이다.

당신이 진정으로 원하는 삶이 무엇인지 어떤 삶을 살다 어떤 모습으로 눈 감고 싶은지 생각해 보라. 많은 사람들이 죽음을 공포로 여기고 평생을 외면하면서 살기 때문에 자신의 유한한 삶과 죽음에 대해 무지한 경우가 많다. 당신이 진정 추구하는 것이 무엇인지 삶의 목표와 방향에 대해 생각하고 죽음을 응시하는 것은 우리의 삶을 더욱 선명하게 만든다.

이 마지막 계획을 작성하다 보면 당신의 첫 번째 계획과 두 번째 계획은 더 또렷해질 것이다. 당신의 조기 은퇴 여정은 이 세 가지 계획을 세우고부터 시작된다.

3. 깨달음만으로 변화를 기대하지 말 것

앞서 세 가지의 계획을 세웠다면 당신은 이른 은퇴에 가까워지게 되었다. 하지만 착각하면 안 된다. 저 계획들이 당신에게 경제적 자유까지의 내비게이션이 될 순 있지만 당신을 목표에 도달하게 해주는 것은 아니기 때문이다. 우리가 제시간에 목적지에 도달하는 방법은 내비게이션을 켜고 차를 움직이는 것이다. 이처럼 당신은 깨달음만으로 변화를 기대해서는 안 된다. 당신의 조기 은퇴에 대한 의지와 생각들이 흩어져 없어져 버리기 전에 그것들을 항상 기록하고 실행해야 한다. 그리고 그것이 몸이 기억하는 습관이 되어 계속해서 반복되어야 한다.

25년간 기록하며 인생의 방향을 찾아간 기록학자 김익한 교수는

"깨달음만으로 변화를 기대하는 것만큼 어리석은 일은 없다. 성취는 몸의 기억과 용기 있는 실행의 산물이다"라고 말했다.

(1) 배움과 기록

사람은 배우기를 멈추면 죽은 것과 같다는 말이 있다. 실제로 배움은 매우 중요하며 그것이 미래에 어떤 효과를 가져다줄지는 아무도 모른다. 앞으로 당신이 살아가는 모든 순간에서 배움은 어떤 식으로든 도움이 될 것이다. 지금의 배움이 언제 도움이 될지 얼마만큼의 리턴이 될지는 아무도 알 수 없지만 분명한 사실은 파이어족이 되는 과정과 그 이후 눈 감는 순간까지 반드시 도움이 될 것이다. 이것만으로 당신이 배움을 가까이 두어야 하는 이유는 충분하다. 그리고 배움이 중요한 만큼 기록 또한 중요하다. 기록하지 않으면 외부로부터 들어온 지식들과 내면으로부터 깨우친 생각들이 밑 빠진 독처럼 새어나가게 되기 때문이다.

당신은 몇 년 전에 읽은 책 내용을 기억하는가? 그 책을 읽으며 깨우친 생각들을 여전히 가지고 있는가? 아마 대부분의 지식과 그것을 통한 다짐은 장기기억화 되지 못하고 휘발되어 버렸을 것이다. 이러한 지식과 생각의 휘발을 막아주는 것이 바로 기록이다. 집중해서 내가 얻은 것들을 기록하고 또다시 기록한 것을 읽어 되돌아보는 것은 우리의 뇌가 이것을 장기기억으로 착각하게 해주고 그것이 뇌리에 오래 남도록 도와준다. 당신의 지식과 생각들이 휘발되지 않도록 기록하는 습관을 들여라. 그리고 파이어족을 향한 목표를 계속해서 다져야 한다.

(2) 실행의 산물

우리가 파이어족이 되고 파이어족의 삶을 영위하기 위해서는 많은 실행이 반복되어야 한다. 하지만 의외로 많은 사람들은 실행하는 것에 어려움을 느낀다. 새로운 것에 대한 거부감 또는 금전적 시간적 손해가 두려워 결국 행동하지 못하는 것이다. 혹은 일 때문에 사정 때문에 뭐 때문에… 여러 이유를 대어가면서 자기 자신을 계속해서 합리화해 가며 미루는 경우도 있다.

비록 우리의 우려대로 실패하거나 손해를 볼 때도 있겠지만 결국 우리는 계속해서 실행해야만 성취를 얻을 수 있다는 것이다. 한 번도 경기에서 패배하지 않은 축구선수는 없는 것처럼 우리는 실패를 통해 성공으로 나아가야 한다. 실패는 성공을 위한 밑거름이 되고 성공은 반복되는 실행을 낳는다.

테슬라의 CEO이자 성공한 사업가인 일론 머스크도 사업에 들어가기 전 실패에 대한 두려움을 느꼈다. 그리고 그는 최악의 경우를 생각하게 된다. 사업에 만약 내가 사업에 실패하고 모든 것을 잃었을 때 얼마가 있어야 먹고 살 수 있을까? 그때 일론 머스크가 고안해 낸 것은 바로 1달러 실험이다. 실제 일론 머스크는 하루에 1달러(약 1,300원)를 가지고 생활하는 것에 성공했고, 한 달에 30달러만 있으면 먹고는 살 수 있다는 생각으로 사업 실패에 대한 두려움을 떨쳐버리고 지금의 테슬라를 만들 수 있었다. 일론 머스크가 두려움에 잠식되어 실행하지 못했다면 지금의 테슬라라는 성취가 있었을까? 이처럼 우리가 두려워하는 것은 어쩌면 그리 두려운 일이 아닐 수 있다. 가장 두려운 것은 아무것도 도전하지 않는 삶이 아닌가. 그러니 더 이상 주저하지 말고 파이어족을 향해 나아가야 한다.

4. 한 번뿐인 인생, 주도적으로 사는 파이어족이 되어라

파이어족이 되면 얻을 수 있는 것은 자유와 온전한 나의 시간이다. 우리는 파이어족이 되기 위해 최소한의 소비로 최소한의 은퇴 자금을 모아 그것을 계속해서 투자하여 자산을 늘려가야 한다. 쓸 거 다 쓰면서 내 평생을 책임질 충분한 자금을 모아 은퇴를 하고자 한다면 우리는 아마 평생 은퇴하지 못할 것이다. 평범한 직장인 월급으로 충분한 은퇴 자금 모으기는 사실상 불가능에 가깝기 때문이다.

그러므로 우리는 최소한의 은퇴 자금으로 앞으로의 은퇴 이후의 삶을 유지시킬 수 있는 대안을 찾아 준비해야 한다. 그것이 투자, 돈 버는 파이프라인이 되겠다. 그리고 우리는 돈 버는 것 외에 은퇴 이후의 여생에 대해서도 충분히 생각하고 계획할 필요가 있다. 결국, 우리의 최종 목표는 돈이 아닌 자유롭고 온전한 나의 시간이기 때문이다. 그 주어진 시간을 어떻게 사용할 것인지에 따라 인생의 방향이 달라질 것이다.

모두에게 주어진 시간은 다르지만 한 가지 같은 점은 우리 모두 유한한 삶을 산다는 것, 이것이 우리가 인생을 아무렇게나 살아가지 않을 이유가 된다. 우리는 충분한 생각을 통해 미래를 계획하고 실천해 나가야 하며 그 과정에서의 많은 배움과 깨우침, 그것들의 기록과 반복된 실행이 우리를 경제적 자유로 이끌어 줄 것이다.

마지막으로 배움과 실천의 반복으로 우리가 삶의 바다를 나아가게 되었을 때 우리는 멈추는 것을 주의해야 한다. 앞으로 나아가게 되었다고 헤엄치기를 멈추는 순간 우리는 서서히 가라앉게 된다. 파이어족이라는 목적지에 도착할 때까지 잠식되지 않고 꾸준히 나아가 언젠가 미래의 시간을 사게 되기를 희망한다. 또한, 그것은 내 삶의 주체로서 온전한 나의 삶을 살기 위해 충분히 도전할 가치가 있다고 생각한다.

참고문헌

- 김익한, 《거인의 노트》, 다산북스, 2023.
- 나무위키, 〈파이어 운동〉, 2024.03.23.
- 박고운, 〈중·고등학교 체육교사의 교직생활 관심사와 매너리즘 연구〉, 이화여자대학교 교육대학원, 체육교육학과, 국내 석사학위 논문, 2009. 서울

저자소개

이가원 LEE GA WON

학력
- 홍익대학교 일반대학원 시각디자인 석사

경력
- 다나나 대표
- 구리남양주 평생교육원 강사
- 고용노동부 HRD강사
- CEST_MOI_G 인스타그램 크리에이터

자격
- SNS마케팅 전문가
- 빅데이터 전문가
- ESG 경영 전문가

10년 내 경제적 자유를 달성하기 위한 나의 플랜

이상린

1. 10년 안에 경제적 자유를 꿈꾸는 필자

아침 해가 뜨기 전, 도시가 아직 잠든 고요 속에서 나는 잠에서 깨어나 어머니의 아침 식사와 커피를 준비한다.

차가운 물에 손을 담그면서 느껴지는 시린 감각은 몽롱한 의식을 번쩍 일깨워 준다. 그 속에는 오늘 하루를 시작할 설렘과 따스한 희망이 담겨있다.

이제는 익숙해진 일상, 몇 가지 마른반찬과 국 그리고 어머니가 좋아하시는 커피믹스를 준비하며 아침 식사를 준비한다.

다행히도 지금은 아들의 등교 준비를 하지 않아서 바쁜 아침 시간이 조금은 여유로워졌다.

이제 나를 위한 시간을 시작할 차례다. 노트북과 가방을 챙겨 출근 준비를 한다.

홀로 책임지는 가족의 생계, 홀벌이로 받는 월급은 아이의 학비, 집의 공과금 그리고 생활비로 순식간에 사라진다.

지친 몸으로 밤늦게 집에 돌아왔을 때, 어둠은 나를 감싸고 외로움이 찾아온다. 그럴 때마다 필자는 스스로에게 질문한다. '내 인생은 이렇게 끝날까? 다른 방법은 없을까?' 하지만 답은 쉽게 찾아지지 않는다.

하지만 나는 포기하지 않았다. 더 나은 삶을 꿈꾸며 끊임없이 노력했다. 홀벌이로 생활해 온 지 어느새 12년이라는 시간이 흘렀다. 아들은 성장하여 대학생이 되었고, 현재는 국방의 의무를 다하기 위해 군 복무 중이다. 어머니는 연로해져 거동이 불편해지셨다.

일출을 보며 출근하는 길 전경

나는 변화하는 상황 속에서 인생 2막을 위해 새로운 목표와 새로운 비전을 세우고 실천해 나가고 있다. 그중 하나가 바로 10년 안에 경제적 자유를 달성하는 것이다.

이 책은 나와 같은 삶을 살아온 독자들에게 희망을 전하고 싶어 쓰게 되었다. 비슷한 고민과 어려움을 겪는 사람들이 건강한 경제적 자유를 계획하고 실천하도록 돕고 싶다.

나는 평범한 50대 가장이다. 경제 전문가도 아니고, 특별한 재능도 없다. 재테크도 못하는 그저 평범한 사람이다. 하지만 나는 끊임없이 배우고 노력하며 경제적 자유라는 꿈을 향해 나아가고 있다.

이 책에는 내가 경험한 삶과 실패 그리고 도전이 담겨있다. 또한, 10년 안에 경제적 자유를 이루기 위한 계획도 함께 공유하고자 한다. 꿈을 향해 나아가는 여정이 힘들고 어렵겠지만, 10년 안에 경제적 자유를 이룰 수 있다고 믿는다.

2. 꿈을 깨운 한 마디, 경제적 자유라는 선물

중년의 문턱을 넘어 삶의 깊이를 헤매던 어느 날, 우연히 만난 필자가 멘토로 모시는 분의 결정적 한 마디가 필자의 삶을 뒤바꾸어 놓았다. 바로 경제적 자유였다.

필자는 멘토에게 "경제적 자유가 뭐예요?"라고 반문할 정도로 하루하루 평범한 삶을 살아가는 사람이었다. 그때까지 필자는 돈벌이와 생계유지에만 급급했기에 경제적 자유라는 개념이 매우 낯설었다. 돈이 없으니 돈을 벌어야 경제적 자유를 찾는 것이 아닌가 생각했을 정도였다.

하지만 멘토의 설명을 듣고 그 의미를 곱씹고 있을수록 마음속 깊이 잠들어 있던 꿈이 깨어나는 것을 느꼈다.

"돈을 위해 일하는 것이 아니라, 돈을 통해 원하는 삶을 살 수 있는 자유."

이 단순하지만 강력한 메시지는 필자의 삶의 방향과 생각을 송두리째 바꾸어 놓았다. 그리고 경제적 자유를 이루기 위해서는 무엇보다 먼저 현재의 재정 상황을 파악해야 한다는 것을 알게 되었다.

투자에 대한 지식을 쌓기 위해 책을 읽고, 강의를 듣고, 논문도 찾아보고, 전문가의 조언을 구하기 시작했다.

물론 쉽지 않은 과정일 것이다. 그리고 지금도 잘 알지 못한다. 하지만 멘토의 격려와 필자의 끊임없는 노력으로 언젠가 열매를 맺을 것이라고 믿고 있다. 멘토를 만나고 나서 경제적 자유라는 목표를 설정한 이후, 필자의 삶은 확실히 달라지고 있고 달라져야 한다고 생각하고 있기 때문이다.

이제 필자는 돈 때문에 일하는 것이 아니라, 스스로 가치 있다고 생각하는 일을 할 수 있는 자유를 누리려고 노력하고 있다. 그리고 앞으로도 끊임없이 노력하여 경제적 자유를 더욱 확장해 나갈 것이다.

필자는 이제 경제적 자유는 단순히 돈을 많이 버는 것이 아니라, 자신이 원하는 삶을 살 수 있는 능력이라고 해석하게 되었다. 중년이 되어 만난 멘토는 필자에게 경제적 자유라는 단어 하나로 생각 전체를 바꾸는 큰 선물을 주었다. 이제 필자는 그 선물을 최대한 활용하여 나만의 의미 있는 삶을 만들어 나갈 것이다.

미국 캐롤라인대학교 대학원 김영기 교수(좌)

3. 파이어족 그리고 경제적 자유

파이어족 그리고 경제적 자유가 무엇인지, 어떻게 하면 나도 할 수 있는지 배우고 싶은 마음으로 무작정 자료를 찾아보며 공부를 하기 시작했다.

네이버 검색창에 파이어족을 검색해 보니 나무위키에 기재된 '파이어 운동(FIRE movement)'이라는 내용이 검색되었다.

"파이어 운동은 경제적 자립(Financial Independence)과 조기 은퇴(Retire Early)를 추구하는 삶의 방식으로, 주로 밀레니얼 세대에서 유행하기 시작하였다. 파이어 운동을 추구하며 살아가는 이들을 별도로 파이어족이라고 칭한다. 이들은 일생 동안 소비문화에 대한 극단적인 저항을 하며 저축을 통해 40대 전후에 조기 은퇴하는 것을 목표로 한다. 불필요한 소비에서 벗어나 중요한 것에 집중한다는 가치 전환이 핵심이다. 사실 FIRE라는 단어 어디에도 '자유'라는 단어는 들어있지 않다. 경제적 자립과 경제적 자유는 어감 차이가 상당한데, 경제적 자유라는 말로 인해 마치 풍요롭게 중산층의 과시적 소비를 할 수 있는 부자의 느낌이 강하지만 부자, 과시적 소비 등과는 오히려 완벽한 대척점에 있다. 허나 이는 1990년대에 개발된 초기의 개념에 한정되며, 2020년대 기준 외국에서도 풍요로운 재정적 독립을 추구하는 FAT FIRE와 같이 라이프 스타일과 니즈에 따라 다양한 변형이 이루어지고 있다. 다양한 파이어는 공통적으로 경제적 '자립'으로 내가 경제적으로 누군가에게 종속되지 않고 자유로울 수 있느냐는 것이 핵심이다. 이들은 젊어서부터 시간적으로 여유롭고 안정적인 삶을 사는 것을 중요하게 여긴다. 돈에 얽매이지 않고 일을 선택할 수 있는 자유를 추구하는 것이다."

이 내용 중에서 경제적 자립이라는 단어와 경제적으로 누군가에게 종속되지 않고 자유로울 수 있느냐는 글이 필자의 눈에 들어왔다. 돈에 얽매이지 않고 일을 선택할 수 있는 자유를 추구하는 것 또한 마찬가지였다.

그렇게 무작정 경제적 자유를 찾던 중 또 하나 경영 컨설턴트 금융 전문가, 경제 문학가로 불리며, 지난 25년을 세계 무대로 부를 쌓는 방법론을 강의한 보도 섀퍼에 대해 알게 되었다. 보도 섀퍼는 26살 빚에 짓눌려 파산을 신청하고 4년 만인 30살에 완전한 경제적 자유를 이뤄낸 것으로 유명하다.

그는 세계적인 경영컨설턴트이며 독일의 경제 문학가이다. 그의 저서 《보도 섀퍼 부의 레버리지》를 통해 '새로운 수익 창출'을 그리고 자신이 지금 어디에 있는지, 어떤 목표를 세워야 하는지, 그 목표를 이루기 위해서는 일과 돈, 인생을 어떻게 경영해야 하는지와 경제적 자유를 이루기 위한 내용 등을 생각해 보게 되었다.

그는 갖은 어려움을 이겨내며 많은 사람들에게 감동을 전해주었고, 또 다른 어려움을 겪는 이들에게도 할 수 있다는 자신감과 방법을 일깨워 주었다. 필자 또한 그의 성공담을 눈여겨보게 되었다.

경제적 자유는 단순히 돈이 많다는 것을 의미하는 것이 아닌, 보다 넓은 의미의 개념으로, 돈에 얽매이지 않고 원하는 삶을 살 수 있는 자유와 누구에게도 의존하지 않고 스스로 생계를 유지할 수 있는 능력이라고 필자는 생각을 정리하게 되었다.

필자가 멘토로 모시는 미국 캐롤라인대학교 대학원 경영학과 김영기 교수는 삶의 방향성에 대해 크게 세 가지의 생각을 하고 이를 실천에 옮기고 있다.

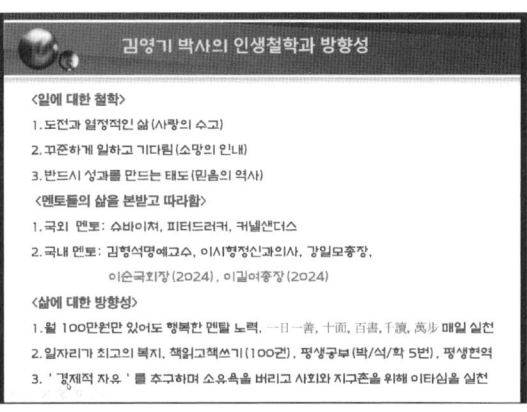

김영기 교수의 인생철학과 방향성

첫째, 월 100만 원만 있어도 행복한 멘탈 노력, 일일일선, 십면, 백서, 천독, 만보 매일 실천

둘째, 일자리가 최고의 복지, 책 읽고 책 쓰기(100권), 평생 공부(박사/석사/학사 5번), 평생현역

셋째, '경제적 자유'를 추구하며 소유욕을 버리고 사회와 지구촌을 위해 이타심을 실천

김영기 교수는 필자가 무작정 검색도 하고 논문 자료도 찾고 책을 찾아보면서 고민했던 내용을 정말 간결하게 정리해 두었다. 마치 필자의 생각을 읽고 정리한 내용 같았다.

경제적 목표를 높게 잡고 많은 돈을 벌고 살고 싶다는 생각은 필자 또한 대부분의 사람들과 비슷하다. 당장이라도 이번 주 로또 1등에 당첨되었으면 하는 바람과 함께 1등 당첨이 되어 당첨금을 받는 월요일을 생각해 보고 기대해 보기도 한다.

로또 1등에 당첨된 후 어떻게 살 것이고 어떻게 생활을 할 것이라고 막연히 생각하는 평범한 사람이다. 로또 1등이 되려면 지금 바로 복권부터 사는 것을 실천해야 하는데, 그렇지 못하고 생각만 잠시 할 뿐인 경우도 많다.

필자는 아침 일찍 일어나 온종일 일하고 감사한 마음으로 하루를 마무리하는, 자녀를 키우고 노모를 모시는 정말 평범한 사람이다.

그러나 이제 멘토인 김영기 교수의 도움으로 월 100만 원만 있어도 행복한 멘탈 노력과 경제적 자유를 추구하며 소유욕을 버리고 살고 싶은 마음이 가득하다. 현실적인 삶은 멘토와 차이가 있을 수 있으나, 필자가 생각하고 생활하며 살아가는 방향은 같아 보였다.

지금부터는 현재를 정리하고 앞으로 10년 내 경제적 자유를 달성하기 위한 플랜을 써보고자 한다.

4. 경영컨설팅 개인사업, 나만의 길을 만들다

필자는 대학교 졸업 후 1999년 이수그룹 계열사에서 경영지원팀 총무담당자로 직장생활을 시작했다.

당시 함께 근무했던 분들은 대구, 원주, 충주, 음성 등에서 정년을 다했거나 정년을 앞둔 시간을 보내고 있고, 지금도 필자와 소통하며 살아가고 있다.

직장 동료이자 선배였던 한 분과는 필자가 가진 작은 지식으로 NCS 직무 분석과 S-OJT, 위험성 평가, 소방안전관리 등에 업무적인 도움을 드리며 활발히 소통하며 지내고 있다.

당시 20대 후반이었던 필자는 항상 그 나이, 그 시간이 영원할 것만 같았고, 늘 그렇게 회사생활 후 동료들과 함께 술자리도 갖고 고민 없이 살았던 것 같았다. 철이 없었다는 표현이 매우 적합할 것 같다.

어른들이 종종 말씀하시길, 한순간에 시간이 가고, 유수와 같이 흘러가고, 눈 깜빡하니 시간이 갔다고 하는 표현처럼 필자는 어느새 아이를 키우고 아이가 성인이 된 현재를 사는 50대 중년이 되어있다.

그렇게 24년간 직장생활을 한 필자는 현재 업무적인 커리어 경험과 자격 등을 갖추고 경영컨설팅 개인사업을 하며 새로운 인생 2막을 도전하고 있다.

2023년부터 시작한 경영컨설팅 사업 여정은 단순한 사업 이상의 의미를 지니고 있다. 필자 주변의 지인들과 친구들은 더 직장생활을 할 수 있을 텐데 조금 더하고 나서 삶의 목표를 향한 열정을 펼치는 것은 어떠냐고 조언을 해주었다. 그러나 필자는 더 늦기 전에 인생 2막을 위한 새로운 목표와 목표를 위한 끊임없는 배움의 의지와 노력을 보여주고자 했다.

사랑하는 아들은 현재 강원도 화천 7사단에서 군 복무 중이며, 2025년에는 간호학과에 복학할 예정이다. 필자는 연로하신 어머니와 함께 살면서 가족과의 시간을 소중히 여기며 살고 있다.

필자는 앞으로 경영컨설팅 업무의 전문성을 더욱 다듬고 학문적 지식을 쌓아나가며, 더 나은 미래를 향해 나아가려고 한다. 또한, 사업과 필자의 인생 2막 목표를 위해 박사학위 취득이라는 목표를 달성하기 위해 한 걸음씩 앞으로 걸어가고 있다.

필자에게는 경제적 자유를 위해 두 가지 중요한 목표가 있다.

첫째, 자녀의 결혼 비용과 노후를 대비하여 경제적 자유를 이루는 것이다. 넉넉하지 못했던 과거의 경험은 필자에게 돈의 소중함을 일깨워 주었고, 미래에 대한 불안감을 해소하기 위해 노력하는 원동력이 되고 있다.

둘째, 쌓아온 경험과 지식을 바탕으로 사회에 기여하는 것이다. 경영컨설팅을 통해 기업의 성장을 돕고, 사회 발전에 일조하는 것이 필자의 꿈이며 사업의 목적이다.

현재 필자는 매출 증가와 부채 상환을 위해 힘쓰고 있다. 과거의 경험은 필자에게 재정 관리의 중요성을 강조해 주었고, 경제적 안정 없이는 꿈을 이루기 어렵다는 것을 깨닫게 해주었다.

두 가지 목표를 이루고, 부채를 상환하고, 경제적 자유를 이루는 것은 필자가 추구하는 삶의 중요한 가치이며, 독자분들도 아마 비슷한 목표를 가지고 있을 것이다.

어려움과 고비 등은 있겠지만 실패는 없다는 생각으로, 끊임없는 노력과 긍정적인 마음으로 목표를 향해 나아가는 필자의 여정은 절대로 멈추지 않을 것이다. 물론 경제적 자유를 달성하기 위한 노력도 절대로 멈추지 않을 것이다.

KFC 창업주인 할랜드 데이비드 샌더스가 1,008번의 실패를 극복하고 햄버거 프랜차이즈 성공 신화를 쓴 1,009번째 노력처럼 말이다.

KFC 창업주 할랜드 데이비드 샌더스, 출처: KFC 홈페이지

5. 10년 내 경제적 자유 달성을 위한 나의 플랜

필자처럼 '어떻게 하면 경제적 자유 달성을 할까?' 고민하는 분들이 많이 있을 것 같다.

필자는 우선 몇 가지를 살펴보고자 한다. 언제까지 어떤 방법으로 얼마의 소득(저축 투자 근로 사업 등) 등이 있어야 경제적 자유를 달성할 수 있을까 하는 것이다.

가정별	성별	2034	2035	2036	2037	2038	2039	2040	2041	2042	2043	2044	2045	2046	2047	2048	2049	2050	2051	2052	2053	2054	2055	2056	2057	2058	2059	2060	2061	2062	2063	2064	2065	2066	2067	2068	2069	2070	2071	2072
중위	전체	86.2	86.3	86.5	86.7	86.8	87.0	87.2	87.5	87.5	87.8	87.8	87.9	88.1	88.2	88.3	88.6	88.6	88.7	89.0	89.1	89.2	89.4	89.4	89.6	89.7	89.9	90.0	90.2	90.2	90.4	90.5	90.6	90.7	90.8	90.9	91.0	91.1
	남자(A)	83.6	83.8	84.0	84.2	84.4	84.6	84.8	85.0	85.2	85.4	85.6	85.7	85.9	86.1	86.2	86.4	86.5	86.7	86.8	87.0	87.2	87.3	87.4	87.6	87.7	87.8	88.0	88.1	88.2	88.3	88.5	88.6	88.7	88.8	88.9	89.0	89.1	89.2	89.3	89.5
	여자(B)	88.7	88.8	88.9	89.0	89.1	89.2	89.4	89.5	89.6	89.8	90.0	90.2	90.4	90.6	90.7	90.9	91.0	91.1	91.3	91.4	91.5	91.6	91.7	91.8	91.9	92.1	92.2	92.3	92.4	92.5	92.6	92.7
	차이(B-A)	5.1	5.0	4.9	4.9	4.8	4.7	4.7	4.6	4.5	4.5	4.4	4.3	4.4	4.3	4.2	4.2	4.1	4.1	3.9	3.9	3.9	3.8	3.8	3.8	3.7	3.7	3.6	3.6	3.5	3.5	3.5	3.4	3.4	3.4	3.3	3.3	3.3

통계청에서 발표한 위 자료에 따르면, 50대 중년인 필자는 건강상 문제가 없다면 장래 기대수명이 87.2~88.5세로 생각된다. 앞으로 약 40 여 년 정도를 더 살 수 있다는 것이다.

건강상 문제를 해결하려면 규칙적인 운동과 건강한 식습관 그리고 건강 검진을 통한 예방 관리가 필요할 것이다. 필자는 인생 2막을 위해 1일 50분, 주 4회 이상의 유산소 운동과 근력 운동을 하고 있다.

이러한 건강 문제가 해결된다면 이제 어떤 방법으로 얼마를 준비해야 할 것이냐에 고민이 생기게 된다

경영컨설팅 업무로 10년 내 건강한 경제적 자유를 이루기 위해서 필자는 소득의 다각화, 즉 N잡러를 생각하고 있다.

N잡러는 다양한 분야의 지식과 경험을 바탕으로 다양한 일을 수행하는 사람들을 의미한다. 경영컨설팅 분야에서도 소득 다각화를 통해 안정적인 수입을 확보할 필요성이 높아지고 있다.

필자는 공공기관 컨설팅, 평가위원, 민간 컨설팅, 기업 자문, 강연 및

기고, 공공기관 면접관 등의 영역으로 구분하여 다각화를 계획하고 있다.

단일 수입원에 대한 의존도를 낮춰 경제적 안정성을 확보하고, 다양한 분야 사람들과의 네트워킹 기회 확대 및 지속적인 학습과 전문성 개발을 통한 꾸준한 노력이 뒷받침되어야 할 것이다.

이제 얼마가 필요할까 하는 고민이 든다. 이 질문에 대해서는 사람마다 천차만별일 것이라는 생각이 든다.

주관적 노후생활비 예측에 대한 세대별 비교 연구 노후생활비 추정 내용 중 이선형(2001)의 연구에서는 통계청의 도시가계조사자료를 토대로 하여 65세 이상 노인 부부 가계를 위한 생계비를 계산하였다. 이 연구는 국가 통계를 이용하여 생계비의 개념을 적용한 노후 생활비 추정을 시도한 연구이다.

소비지출 데이터를 활용한 표준 생계비의 개념을 적용하여 가장의 건강 상태, 취업 상태 등의 가계 상황을 고려한 생계비를 계산하였는데 가장의 건강이 나쁠수록, 가장이 취업을 하지 않은 경우와 비교할 때 취업을 한 가계의 표준 생계비 금액이 높아지는 것으로 나타났다.

이 연구에서 계산한 노인 부부 가계의 표준 생계비는 월 842,300원이었으며, 유락 생계비는 1,068,020원으로 나타났다.

윤광호(2017)는 국민노후보장패널 조사의 4차년도 부가조사 데이터를 이용하여 부부가 생각하는 노후의 최소생활비는 월평균 약 1,380,000원, 적정생활비는 약 1,970,000원으로 나타났음을 보여주었다.

성별, 교육 수준, 직업, 결혼 상태, 가계소득, 금융 자산, 부동산 자산, 부채 등 변수에 따라 적정생활비가 달라지는 논문들을 근거로 적정생활비를 제시하고 있다.

김영기 교수의 '월 100만 원만 있어도 되는 행복한 멘탈 노력'과 '소유욕을 버린다'라는 내용이 필자의 마음과 생각에 가까운 것 같다.

10년 내 경제적 자유를 달성하기 위해 두 가지 목표를 해결한다면, 필자는 월 100만 원, 행복한 멘탈 그리고 소유욕 없는 삶의 경제적 자유를 꿈꾸고자 한다.

누군가에게는 화려한 빌라와 외제차, 끝없는 여행일 수도 있지만, 다른 사람에게는 소박하지만 따뜻한 집, 가족과의 시간 그리고 마음의 평온일 수도 있다. 경제적 자유는 단순히 돈의 양으로 정의되는 것이 아니라고 생각하기 때문이다. 또한, 각자의 가치관과 삶의 방식에 따라 그 의미가 달라진다고 생각하기 때문이다.

현재의 삶에 감사하고 작은 행복을 발견하는 능력은 물질적인 풍요보다 더 큰 만족감을 가져다줄 것으로 생각한다. 긍정적인 마음가짐은 경제적 어려움에도 흔들리지 않고 목표를 향해 나아가는 힘을 준다고 믿는다.

소유욕은 불필요한 소비를 유발하고, 경제적 부담을 키워준다. 진정으로 필요한 것에 집중하고 과도한 소비를 줄이는 노력은 경제적 자유를 위한 첫걸음이라고 본다.

행복한 멘탈과 소유욕 버리기 외에도 꾸준한 노력과 실천 없이는 경제적 자유를 이루기 어렵다고 생각한다. 계획적인 소비, 꾸준한 저축 그리고 금융 지식 습득은 모두 경제적 자유를 위한 필수적인 요소다.

필자의 이야기를 통해 각기 다른 삶을 사는 우리 모두 경제적 자유를 향해 나아가는 행복한 여정을 만들어 나가길 희망해 본다.

필자의 건강한 경제적 자유를 달성하기 위한 플랜의 핵심은 다음과 같다.

첫째, 건강한 삶의 기본 조건인 규칙적인 운동
둘째, 경영컨설팅 소득을 다각화한 소득 창출(N잡러)
셋째, 행복한 멘탈과 소유욕 없는 경제적 자유
넷째, 평생현역으로 생활하는 것

초고령화사회로 진입하고 기대수명이 늘어나면서 건강한 멘탈로 살아가는 것이 경제적 자유의 화룡점정(畵龍點睛)이라고 생각한다. 건강하지 못하면 이루지 못하는 것들이 많기 때문이다.

필자의 10년 내 경제적 자유를 달성하기 위한 플랜을 연도별로 요약해 보았다. 다음과 같은 계획을 갖고 건강한 경제적 자유를 실행해 보고자 한다.

1. 건강한 삶의 기초 다지기(1년)

가. 규칙적인 운동 습관 형성
1) 건강 검진 결과를 바탕으로 맞춤 운동 계획 수립
2) 일주일에 4회, 50분 이상 운동 시간 확보(걷기, 등산 등)
3) 운동 기록 앱 활용으로 지속적인 동기 부여 및 목표 달성

나. 균형 잡힌 식단 유지
1) 영양 전문가 상담을 통해 개인 맞춤 식단 구성
2) 가공식품 및 외식 줄이고, 자가 조리 비율 높이기
3) 충분한 수분 섭취 및 규칙적인 식사 시간 유지

다. 스트레스 관리
1) 명상, 취미 활동 등을 통한 스트레스 해소
2) 충분한 수면(7~8시간) 및 숙면을 위한 환경 조성
3) 효율적인 일과 시간 관리

2. 다각화된 소득 창출(3년)

가. 기존 경영컨설팅 사업 강화

1) 고객 니즈 분석 및 맞춤형 컨설팅 서비스 개발
2) 온라인 컨설팅 플랫폼 활용으로 고객 접근성 확대
3) 전문성 강화를 위한 컨설팅 관련 교육 및 자격증 취득

나. 수동 소득 창출
1) 부동산 투자(분양권, 직접 매매 등) 및 부동산 관련 지식 습득
2) 증권 투자(주식, 채권, ETF 등) 및 투자 관련 교육 및 전문가 상담
3) 블로그, 유튜브 채널 등 콘텐츠 제작 및 광고 수익, 제휴 마케팅 등 활용

다. 부업 아이템 발굴
1) 전문성 및 관심 분야를 활용한 부업 아이템 발굴
2) 온라인 강좌 제작, 프리랜서 활동, 소규모 창업 등 다양한 부업 시도

3. 행복한 멘탈과 소유욕 없는 경제적 자유(3년)

가. 감사하는 마음
1) 현재 가진 것에 감사하고, 만족하는 삶의 태도 유지

나. 소유욕 줄이기
1) 경험 소비에 집중하고, 물건에 대한 집착 줄이기
2) 필요한 물건만 구매하고, 중고거래 활용

다. 나눔 실천
1) 자원봉사 활동 참여, 기부 등 나눔을 통해 행복 경험

4. 평생현역으로 생활하기(3년)

가. 건강 관리
1) 정기적인 건강 검진 및 예방 접종
2) 건강한 생활 습관 유지(규칙적인 운동, 균형 잡힌 식단)
3) 평생학습 및 자기계발을 통한 지적 호기심 유지

나. 새로운 도전
1) 새로운 분야 학습 및 취미 활동
2) 사회 참여 활동(봉사활동, 동아리 활동 등)
3) 창업, 투자 등 새로운 도전

5. 지속적 관리

가. 정기 점검 및 평가
1) 3개월, 6개월, 1년 단위로 목표 달성 여부 및 계획 수정
2) 전문가 상담 및 멘토링 활용

나. 긍정적 마인드 유지
1) 긍정적 사고방식 유지 및 어려움 극복을 위한 의지

살아가다 보면 정말 뜻하지 않은 일들이 생기고 꿈 목표 계획 등이 원활하게 되지 않는 경우들이 있다. 하지만 추구하고자 하는 것에 실행이 최우선시된다면 꿈 목표 계획 등이 반드시 이뤄질 것이라 믿는다. 긍정의 힘이 우리 곁에 함께할 것이다.

6. 희망과 용기를 나눈다

50대 중년이라는 나이는 많은 사람들에게 삶의 한가운데에 서 있는 시기라고 생각한다. 후회 없는 삶을 위해 꿈을 향해 나아가고 싶지만, 현실적인 어려움과 경제적 부담으로 망설여지기도 한다. 하지만 50대

가 꿈을 포기해야 하는 나이라는 것은 결코 아니다.

필자는 50대라는 나이에도 불구하고 10년 안에 경제적 자유를 이루겠다는 목표를 가지고 노력하고 있다. 필자의 계획은 단순히 돈을 모으는 것 이상으로, 건강하고 행복한 삶을 유지하면서 일과 여가를 균형 있게 누리는 '건강한 경제적 자유'를 달성하는 데 있다.

경제적 자유를 위한 첫 번째 단계는 건강한 삶의 기반을 마련하는 것이다. 규칙적인 운동을 통해 건강을 유지하고, 건강검진을 통해 질병을 예방하는 것이 중요하다. 건강한 몸은 꿈을 향해 나아가는 데 있어 가장 든든한 기반이 되기 때문이다.

필자는 현재 경영컨설팅 사업을 운영하고 있으며, 이외에도 강연, 글쓰기 등 다양한 활동을 통해 수입을 창출하고자 한다. 경제적 자유는 단순히 돈을 많이 버는 것을 의미하지 않는다고 생각한다. 물질적인 풍요보다 행복한 멘탈을 유지하고, 소유욕에 얽매이지 않는 자유로운 삶을 추구하는 것이 중요한 것 같다.

필자는 경제적 자유를 통해 시간적 여유를 확보하고, 가족과 함께하는 시간, 취미 활동, 사회봉사 등 가치 있다고 생각하는 일에 투자하고 싶다.

끝으로, 필자는 은퇴라는 개념보다는 평생현역으로 활동하는 것을 목표로 하고 있다. 끊임없이 새로운 것을 배우고 도전하며, 사회에 이바지하는 삶을 살아가고 싶기 때문이다.

50대 중년은 꿈을 향한 도전을 시작하기에 결코 늦은 나이가 아니다. 필자의 삶의 경험과 계획이 함께 살아가는 중년들에게 조금이나 공감과 용기를 주고, 건강한 경제적 자유를 향한 여정에 생각할 기회 도움이 되기를 희망해 본다.

사는 것이 힘들고 어려워서 삶을 포기하는 소식을 가끔 TV에서 보곤 한다. 안타깝다는 말로 다 표현할 수는 없지만, 도움과 상담을 통해 해결할 수 있고, 소유욕을 조금 버리고 살아간다면 행복지수가 높은 삶을 살아갈 수도 있다.

야구도 인생도 끝날 때까지 끝난 게 아니라는 말이 있지 않은가. 희망과 용기를 갖고, 중년의 인생 2막에서도 건강한 경제적 자유를 찾기를 바란다.

이 글을 읽는 모든 이들과 또 비슷한 환경에서 살아가는 이들이 희망과 용기를 갖고 건강한 경제적 자유를 생각해 보고, 고민해 보고, 실천해 보기를 기대한다.

참고문헌

- 나무위키, 파이어운동
- 네이버 지식백과(해외저자사전), 보도 섀퍼, 2014.
- 나건웅 외, 〈보도 섀퍼 부의 레버리지 : '경제적 자유'를 향한 완벽한(?) 지침서 외〉, ㈜매일경제신문사, 2023.02.
- 김영기, "인생철학과 방향성"
- 주소현, 고은희, 유명수, 〈주관적 노후생활비 예측에 대한 세대별 비교 연구〉 소비자정책교육연구 제15권 3호, 2019.
- 통계청, 〈장래인구추계〉, 2072, , 장래 기대수명 / 전국, 2024.03.22.

저자소개

이상린 LEE SANG RIN

학력

- 세종사이버대학원 MBA학과 2025년 졸업예정(석사)
- 경영학사

경력

- 세종경영연구소 소장(대표) - 경영컨설팅
- 현) 한국산업인력공단 외부전문가
- 현) 창업진흥원 평가위원
- 현) 한국문화산업협회 외부전문가
- 현) 대한상공회의소 충남인력개발원 전문위원
- 현) 한국방재협회 평생회원
- 현) ESG부울경센터 전문위원
- 현) 서강대학교 총동문회원
- 현) 한국M&A거래소 파트너
- 전) 대한적십자사 응급처치법 강사
- 전) 한국해양구조단 원주지역대 발기인

자격

- 채용면접관 1급 자격증
- NCS기반의 블라인드채용 전문가 공공기관 전문면접관 교육수료
- 창업지도사 1급
- ISO9001(품질경영시스템) 국제심사원
- ISO14001(환경경영시스템) 국제심사원
- ISO45001(안전보건경영시스템) 국제선임심사원
- ESG 국제심사원
- ESG 전문가 1급
- 기술평가사
- 산학연협력코디네이터
- 소방안전관리자
- 스킨스쿠버 강사

저서

- 《초고령사회, 산업의 변화》, 브레인플랫폼, 2024. (공저)
- 배면부 퇴적 방지 판을 갖는 유압전도식 가동보, 한국방재협회, 2015년 12월 14일 등록, 지정번호 방재신기술 제104호(신기술 인증 및 성능 인증)

건강한 경제적 자유와
프로 N잡러의 시나리오

김동현

1. 데이터로 보는 N잡러

(1) 평생직장은 옛말, 이제는 평생직업

1) 2030세대의 인식 변화

뉴스펌과 리서치앤리서치의 '2030세대 인식조사'에 따르면, 10명 중 6명(59.7%)은 N잡러로 살아갈 예정이라고 답했다.

N잡을 선택한 이유에 대해 56.2%는 안정적인 소득을 꼽았다.

또 21.8%는 현재 소득을 벌어들이고 있는 수단이 2가지라고 답을 했으며, 3개 이상도 4.1%로 나타났다.

외환위기와 코로나 시기를 지나면서 고용 구조가 탄력적으로 변하며 평생직장의 개념이 약해졌다.

과거에는 'N잡'이라고 하면 생계형이라는 인식이 강했지만, 최근에는 소득, 학력과 상관없이 '경험'을 위한 N잡러가 늘어나고 있다는 주장도 나왔다. 이는 실제로 취업을 할 때 고용의 안전성보다는 급여가 더 중요하다는 인식이 많이 늘어난 것으로도 볼 수 있다.

조사에 따르면 63.7%가 취업 시에 급여를 중요시한다고 답을 했으며, 고용 안전성은 27.6%의 선택을 받았다.

2) 늘어나는 고학력 N잡러

최근 일자리 하나에 만족하지 않고 부업을 병행하는 사람들이 점점 많아지면서 이른바 '투잡러', 'N잡러'라는 용어가 자주 사용되고 있다. 특히 소득이 비교적 높은 편인 대기업 근무자 등 고학력자 사이에서 N잡러가 증가하는 추세다.

한국노동패널조사를 바탕으로 분석한 〈복수 일자리 종사자의 현황과 특징〉 보고서에 따르면, 동시에 두 가지 이상의 일을 하는 복수 일자리 종사자 비중은 지난해 전체 취업자의 2.0%를 차지했다.

학력별로 보면 대졸자 비중이 2018년 24.6%에서 2022년 26.7%로 증가했고, 대학원 이상 졸업자 비중도 같은 기간 3.7%에서 4.1%로 늘어났다. 반면 고졸 미만 비중은 20.8%에서 17.4%로 감소했다.

고학력 N잡러들이 많아진 배경에는 불안정한 경제와 고용 상황으로 평생직장의 개념이 과거에 비해 약해졌기 때문이다.

MZ세대의 경우 엄청난 스펙을 쌓고 취업을 하였지만 기대와 현실이 달라 이직 또는 퇴사하고자 하는 경우도 있으며 자기 개성을 살려 유튜브나 SNS 활동을 하면서 부업을 하는 경우도 상당히 많아진 것으로 볼 수 있다.

이는 디지털 플랫폼의 확대로 인해 원하는 시간에 원하는 만큼 일할 수 있는 배달·배송 등의 부업 증가도 주요한 부분이다.

통계청에 따르면, 지난해 월평균 부업 인구는 57만 5천여 명으로 조사됐다. 2019년 47만 3천여 명과 비교하면 무려 10만 2천 명이나 늘어난 것이다. 2022년 기준 플랫폼 종사자는 291만 명으로 10명 중 4명은 부업형, 간헐적 참여형으로 집계되었다.

일하는 형태의 변화도 부업 증가의 주된 요인이라 할 수 있는데, 과거에는 주 5~6일 근무가 대다수였다. 하지만 최근 주 3~4일 근무, 재택근무, 프리랜서 등 업무 형태가 다양화되고 있다.

엠브레인 트렌드모니터에 따르면, N잡을 하는 주된 이유로 '추가 수입으로 여유 자금 마련(45.9%)', '젊었을 때 남들보다 한 푼이라도 더 모으기 위해(27.0%)', '노후 대비(25.8%)' 등의 순으로 꼽혔다.

최근 금리 상승과 물가 상승 등의 이유로 주 수입의 인상률이 물가 인상률에 미치지 못하기 때문에 경제적, 심리적으로 부담을 덜기 위해 복수 일자리를 선택할 수밖에 없다는 의견이 지배적이다.

2. 파이어족과 N잡러

(1) 파이어족의 종류

파이어(Financial Independence Retire Early, FIRE)족은 조기 은퇴하는 것을 목표로 극단적으로 지출을 줄이고, 소득의 상단 부분을 저축해 근로소득 없이도 충분히 살아갈 수 있는 수준의 재정적 자유로 자발적인 은퇴를 위한 은퇴 자산을 만들어가는 사람들을 말하는 용어로, 작년까지 유행하다 지금은 잠잠해진 용어다.

경제적 자유와 N잡러, 파이어족은 떼려야 뗄 수 없는 용어라 생각하며 먼저 파이어족의 종류에 대해서 소개하고자 한다.

1) 팻 파이어족(럭셔리 파이어족)

사치스러운 생활을 즐길 수 있는 부자 파이어족을 의미한다. 돈에 대한 걱정 없이 매일 외식을 즐기고 여행을 떠나는 등의 충분한 경제력을 가진 형태로 많은 사람이 동경하지만 최소 수십억 원 이상의 자산이 필요하므로 이러한 자산을 형성하여 은퇴할 수 있는 파이어족은 극히 드물다.

2) 린 파이어족

팻 파이어족과는 반대되는 말로, 생활 습관의 변화와 소비를 줄여 적은 생활비로 살아가는 것을 말한다. 비교적 단기간에 달성할 수 있다는 장점이 있지만, 목표 달성 이후에도 절약을 해야 하는 단점 아닌 단점이 있다. 또한, 관계지향적이고 사회적 체면을 중시하는 한국 사회에서는 오랫동안 고수하기 어려운 부분이다.

3) 코스트 파이어족

파이어, 즉 은퇴를 달성할 수 있는 자산은 충분하지만, 은퇴 결정에 신중을 기하고 있는 사람들을 의미한다. 팻 파이어족과 비슷한 의미로 필자와 같은 대부분의 30대는 공감이 적을 수밖에 없다.

4) 바리스타 파이어족

파이어 이후 생활비의 일부를 아르바이트 등의 소액의 소득으로 충당하여 은퇴까지의 필요 자금을 줄여 비교적 빠르게 은퇴 목표에 달성할 수 있다는 장점이 있다. 하지만 나이가 들수록 육체적인 노동을 소화하기 힘들고 일자리도 구하기 어렵기 때문에 영원한 은퇴가 아닐 수 있다는 단점이 있다.

5) 사이드 파이어족

파이어족의 분류에 따라 4가지 또는 5가지로 분류하는데 이때 바리스타 파이어족과 합쳐지거나 분류에서 제외될 수 있는 종류이다. 파이어 이후 생활비의 일부를 부업으로 생활하는 것을 의미한다. 부업의 종류나 소득에 따라 시점이 달라지겠지만, 일확천금이나 어떠한 요행을 바라는 것이 아닌, 가장 현실적이고 실현 가능한 방식이라 생각되어 필자 또한 사이드 파이어족의 형태로 준비하고 있다.

(2) N잡러가 된다는 것은

필자가 하고 있는 N잡 중에 큰 카테고리에서 나누어 보았을 때 사업가, 유튜버, 강사, 컨설턴트의 4가지로 볼 수 있다. 처음부터 이렇게 여러 가지 일을 했던 것은 아니었고 온라인 비즈니스 사업을 시작하고 한 해, 두 해 지나며 '더 발전할 수 있는 부분이 없을까?', '어떻게 하면 사업을 더 확장할 수 있을 것인가'에 대하여 고민하다 보니 하고 있던 사업 자체의 확장도 있었지만, 사업과 관련된 여러 일들이 가지치기를 하면서 확장되었다.

초창기 이커머스에 진입하여 마케팅에 대한 고민을 하다가 유튜버의 길로 들어섰고 이런 경험들을 토대로 강의를 하다 보니 컨설턴트로까지 발전하게 되었다.

N잡러 초창기에 주변에서는 "하나만 해라", "한 우물만 파라", "그 많은 걸 언제 다하냐"라는 의견들이 많았다. 하지만 필자의 성격으로 보나 앞으로의 방향성 면에서 보나 한가지 파이프라인보다는 여러 가지 파이프라인을 만들어서 다양한 소득과 다양한 분야의 사람들을 만나는 것을 더 선호하기 때문에 주변의 우려와 만류에도 불구하고 여기까지 온 것 같다.

이제부터 독자 여러분께 필자가 직접 경험해 보고 수익화를 달성한 사이드잡, 특히 직접 일하지 않고도 수익이 발생할 수 있는 직업들을 소개해 드리려고 한다. 무엇을 해야 할지, 특별한 능력이 있어야만 할 수 있는지 걱정하기보다는 용기를 가지고 제가 소개해 드리는 N잡 중에서 당장 실행할 수 있는 것에 먼저 도전해 보시길 바란다.

3. 자동화 수익을 위한 첫걸음

(1) 온라인 쇼핑몰 시작하기

1) 온라인 쇼핑몰에 대한 인식 바꾸기

필자는 오픈마켓 창업 붐이 일어나기 전에 대량등록 시스템을 활용해 시작했다. (여기서 말하는 대량등록은 B2B 도매 사이트를 활용한 상품등록과 같은 개념으로 보시면 된다.)

물론 그 이후 수년이 흘러 마켓들의 정책이 변화하면서 "대량등록은 죽었다"는 말까지 나오는 상황이다. 그러나 여기서 독자분들께 당부하고 싶은 것은 온라인 쇼핑몰로 수익을 내는 프로세스는 빠르게 이해할 수 있고 노력 대비 일정 수준까지 수익화하기가 수월하다는 것이다. 그럼에도 불구하고 수많은 유튜버 의견과 주변으로부터 부정적인 의견을 듣고 있다면 정주영 회장의 "이봐, 해봤어?"라는 말을 해주고 싶다.

우리는 관점과 접근 방식을 바꿔야 한다. 쇼핑몰로 월매출 1억을 만들라고 소개하는 게 아니라 들어가는 노력과 시간, 비용을 최대한 아끼면서 빠르게 수익화할 수 있는 부분임을 말씀드린다.

2) 사업자등록 및 각종 신고

경제적 자유를 달성하기 위한 N잡에 대한 부분을 더 다루고자 단순 방법적인 부분은 생략한다. 사업자등록과 통신판매업 신고, 상품등록에 대한 부분은 유튜브나 블로그에 수많은 콘텐츠가 있으므로 해당 콘텐츠를 참고하시어 꼭 온라인으로 직접 신청해 보시길 바란다.

3) 무엇을 판매할 것인가?

온라인 셀러가 된다면 가장 고민을 많이 하는 부분이 바로 무엇을 판매할 것인가에 대한 부분이다. 현재 본인이 하고 있는 일과 관련된 상품이 있다면 그것을 바로 상품등록하고 시작하면 된다.

그렇지 않더라도 걱정하지 말고 상품을 등록할 준비를 마치면 된다. 네이버, 구글 등에서 검색하면 수천 개의 도매사이트가 나온다. 그중에서 마음에 드는 카테고리를 골라 등록하면 된다. 다만, 한두 개의 카테고리에 국한되지 말고 자신이 잘 알지 못하더라도 다양한 카테고리의 상품을 등록하기를 추천한다.

기존에 듣던 내용과 다를 가능성이 매우 높지만 필자 또한 잘 알지 못하는 카테고리에서 많은 매출이 나왔던 경험이 있다. 일단 판매가 되고 매출이 나오기 시작하면 그 분야에 전문가가 되는 것은 시간문제다.

4) 판매된 상품에 집중하기

상품을 등록한 이후에 판매가 되었다면 그 상품에 집중하여 판매량을 높이는 전략을 취해야 한다.

온라인 판매의 핵심은 바로 후기! 판매가 되었다면 쿠폰을 발행해서라도 정성을 다해 후기를 받아야 한다. 리뷰 0개와 1개의 차이는 하늘과 땅 차이다. 리뷰 1개가 다음 판매를 일으켜 줄 것이다.

앞서 상품등록에 초점을 맞추다 보니 대표이미지나 상세페이지에서 특별한 점을 찾을 수 없을 것이다. 따라서 지금부터 집중해야 하는 부분은 다른 상품과의 차별성이다.

'내 상품이 최고야'가 아닌 '내 상품은 달라'의 전략으로 가야 한다. 아무리 경쟁사를 분석하고 특허를 내고 자신만 가지고 있는 기능의 상품일지라도 그 상품이 최고가 아닐 확률이 있다.

중소기업 대표님들을 만나보면 모두가 "내 상품이 최고야"라고 말씀하시는데 물론 수많은 비용과 시간을 들여 생산한 자식과도 같은 제품이기에 이해하지 못하는 것은 아니지만, 판매자의 입장, 소비자의 입장에서 생각해 보면 그렇지 않은 상품들이 상당히 많았다. 그렇기에 경쟁사들과 다른 점, 차별점을 어필하는 것이 중요하다.

5) 구매대행 셀러 되기

앞서 다룬 내용은 국내 상품의 위탁판매 형식의 셀러이다. 지금부터 해외에 있는 상품을 대신 주문하여 소비자의 집 앞으로 배송해 주는 구매대행 형태의 셀러에 대해 소개하고자 한다.

최근 알리익스프레스, 테무 등의 습격으로 인해 부정적인 의견을 가지고 있는 분들이 많이 계시겠지만, 필자는 여기서 틈새를 공략해야 살아남을 수 있다고 생각한다.

다들 알리나 테무에서 상품을 구매해 보신 경험이 있으실 테니 구매하신 상품들의 리스트를 전체적으로 살펴보고 알리, 테무에 접속해서 주로 어떤 상품, 어느 정도 가격대에 있는 상품군들이 있는지 정리해 보는 것을 추천한다. 그러면 대략 어느 포지션에 들어가야 할지 눈에 보이기 시작할 것이다.

아마도 구매 상품 대부분이 저렴하고 부피가 작은 제품들일 가능성이 큰데 빠른 배송과 저렴한 배송비용을 무기로 적자를 감수하면서 공격적인 마케팅을 하고 있는 두 업체는 물류비가 많이 들고 파손 등의 우려가 있는 까다로운 제품은 다루기 어렵다. 그렇기에 우리는 여기에 해당하는 상품군을 구매대행 형태로 판매해야 한다.

이 상품들은 객단가가 비싸고 부피가 크고 무게가 많이 나가는 상품군들이 많다. 앞에서부터 계속 강조하는 부분이지만 우리는 관점을 다르게 해야 한다. 그리고 우리의 시간과 노력을 줄여서 수익화할 수 있는 부분으로 생각해야 한다.

객단가가 비싸고 부피가 크고 무게가 많이 나가는 상품군들로 리스트업을 한다. 여러 가지 소싱 프로그램들과 상품등록 프로그램이 있다. 대부분 무료 사용 기간을 주기 때문에 먼저 테스트를 해본 후 각자의 취향에 맞게 사용하면 된다.

(2) 유튜버 되어보기

1) 얼굴 없는 유튜버

다시 한번 접근 방식과 관점을 바꿔야 한다. 필자도 유튜브를 시작하기 전 가장 고민했던 부분이 나의 얼굴과 목소리를 드러내지 않고 싶다는 것이었다. 그렇다면 얼굴 없이 운영할 수 있는 유튜브 채널의 형태에는 무엇이 있을까? 여러 가지 형태가 있겠지만, 필자가 생각하기에 가장 수익화하기 쉬운 형태의 채널들을 소개하겠다.

2) 유튜브 수익 창출 조건

유튜브 수익 창출 조건이 완화되었다고는 하지만 흔히 말하는 조회수 수익(YPP 광고수익이 정확한 표현임)을 유의미하게 얻기 위해서는 구독자 1천 명과 지난 1년 동안 숏폼이 아닌 긴 형식의 영상 시청시간 4천 시간, 또는 지난 90일 동안의 숏폼의 조회수가 1천만 회 이상이 되어야 한다. 이는 어떻게 보면 쉬워 보일 수 있겠으나 처음 시작하는 이들에게는 굉장히 어려운 조건이다. 유튜브에서 수익을 내려면 어떻게 해야 할까?

3) 유튜브 수익화의 고정관념을 깨라

우리가 기본적으로 생각하는 유튜브의 수익화는 조회수 수익이라고 많이들 표현하는 광고수익이다. 그러나 앞서 얘기한 것처럼 수익화 조건이 만만치 않기에 중도에 포기하는 사람들이 많다. 하지만 우리는 이 고정관념을 깨고 다른 수익화 방법을 찾아 적용하면 된다.

와이즈앱·리테일·굿즈 조사와 연합뉴스에 따르면, 2024년 1월 기준 국내 모바일 플랫폼 사용량 1위 유튜브의 1인당 월평균 사용시간이 40시간을 넘어선 것으로 나타났다. 이는 2019년 1월 대비 2배 가까이 증가한 것이다.

단순히 사용시간이 많아졌다는 정보를 얻는 것에 그치면 안 된다. 우리는 여기에 모이는 트래픽을 활용해야 한다. 우리가 무엇인가를 할 때 가장 중요한 부분이 마케팅, 홍보에 대한 부분인데 유튜브는 우리나라 국민의 80% 이상이 사용하고 월평균 사용시간 또한 압도적인 수치로 1위 자리에 있으므로 유튜브를 반드시 활용해야 한다. 유튜브에 모이는 트래픽을 활용해 자신의 수익을 증대시킬 수 있는 방법 몇 가지를 소개하겠다.

4) 구독자 없이 제휴마케팅으로 수익화하기

제휴마케팅을 알기 쉽게 설명하면 내가 홍보한 링크를 또한 고객이 구매한 어떠한 상품의 금액에 대해서 일정 금액의 수수료를 받는 것이다. 그중에서 가장 간단한 쿠팡파트너스를 유튜브에 적용해 보자.

쿠팡파트너스는 과거 블로그, 워드프레스에서 매우 활발하게 사용된 제휴마케팅 방법으로 소비자가 원하는 상품의 정보들을 제공하고 쿠팡파트너스의 나의 파트너 링크를 생성하여 소비자의 구매를 유도하는 전략이다.

프로그램 등을 활용해 찍어내기식 포스팅을 하다 보니 네이버 블로그에서 외부(쿠팡)로 가는 링크를 사용하면 일종의 페널티가 발생하는 현상들이 있어 링크를 변환하는 등의 다양한 방법으로 사용하기는 하지만 네이버 블로그 포스팅 형태의 쿠팡파트너스는 수치적으로 많이 줄어든 상황이다. 그러면서 워드프레스로의 전환이 많이 이루어졌고 이후 유튜브 영상을 활용한 쿠팡파트너스의 수익화 전략으로 전환이 되고 있는 추세다.

이제는 사람들이 어떠한 물건을 구매할 때 포스팅을 참고하기도 하지만 유튜브에서 영상을 보고 구매하는 비율이 매우 높아졌다. 우리는 이 부분을 겨냥하여 접근해야 한다. 상품을 구매하고자 하는 시청자에게 유익한 정보를 제공하고 우리의 파트너 링크를 통해 구매를 유도하는 것이다.

유튜브에서는 큐레이션 형태의 영상이 효율이 높다. 정보가 넘쳐나는 시대이기 때문에 이 정보를 잘 종합하여 선별한 양질의 정보를 제공하면 된다.

유튜브에서 청소기, 냉장고, 태블릿 등을 검색하면 많이 볼 수 있는 형태, 조회수가 비교적 많이 나오는 형태는 '○○○ 추천 5가지', '○○○ Best3', '○○○ Top3' 등의 큐레이션 영상이다. 지금 바로 검색해서 영상을 눌러서 '더보기', '고정댓글'을 확인보시길 바란다. 아마도 쿠팡으로 연결되는 링크가 있을 것이다.

이렇게 링크를 눌러서 들어갔을 때 24시간 내에 쿠팡에서 어떠한 상품을 구매하면 그 금액의 3%가 파트너에게 제공된다. 3%가 작다고 느낄 수도 있는데 제품들을 소개하면서 판매되어 들어오는 금액을 한 달 단위로 정산해 보면 절대 적지 않은 금액이라는 것을 알 수 있다.

처음 영상을 만들 때 자료조사나 편집에 대한 부분에 대하여 시간이 들어가듯, 게임을 하더라도 처음에는 레벨을 올리고 아이템을 고민하는 등 시간이 들어가게 된다. 어느 정도 숙달되기까지는 하루 1~2시간 정도 투자해 볼 것을 추천한다.

최근 알리익스프레스와 테무의 공격적인 마케팅으로 애플리케이션 사용자가 급증하고 있다. 여기에도 제휴마케팅이 숨어있다. 알리익스프레스도 제휴마케팅이 가능한데, 파트너로 신청하여 쿠팡에 있는 제품들도 소개하고, 알리익스프레스에 있는 제품을 홍보하여 링크를 연결하면 된다.

알리익스프레스는 상품에 따라 수수료가 달라 많게는 20% 이상 되는 상품들도 있으니 상품도 괜찮고 수수료도 많이 주는 제품을 홍보하면 쿠팡만큼 수익을 볼 수 있을 것이다.

> **Tip**
>
> **1. 벤치마킹하기**
> 어떻게 시작해야 할지 도저히 모르겠다면 가장 좋은 방법은 벤치마킹입니다. 하지만 이를 복사-붙여넣기로 오해하면 안 됩니다. 잘 만든 영상, 구독자는 적지만 조회수가 많이 나온 영상을 여러 개 찾아보세요. 이러한 영상들을 보다 보면 영상의 구성을 어떻게 했는지 어떤 제품들을 소개하고 있는지 눈에 들어오게 됩니다. 이런 부분들을 종합하여 나의 것으로 만들어 활용해 보세요.
>
> **2. 영상편집프로그램&애플리케이션**
> 캡컷(CapCut)을 사용하세요. 점차 유료 결제 부분이 늘어나고 있지만, 무료 버전으로도 충분합니다.

5) 구독자 없이 자신의 상품 홍보하기

앞서 쿠팡과 알리익스프레스에 있는 제품을 홍보하는 방법을 살펴보았다. 또한, 온라인 쇼핑몰을 활용한 판매도 익혔다. 이제 두 가지를 합쳐보겠다.

상품을 선정하여 나만의 상품으로 기획하고 이미지도 새롭게 촬영한다. 그리고 영상도 촬영하여 유튜브에서 홍보할 준비를 한다. 여기서 주의할 점은 내 상품이라고 생각하다 보니 단순히 홍보를 위한 홍보영상을 찍는 경우 대부분이라는 것이다.

제휴마케팅에서 영상들을 보면 알 수 있는데 유튜브에서는 반드시 정보 제공의 형태로 영상을 만들어야 한다. 비싼 돈 주고 홍보 영상을 제작하지 말고 스마트폰으로 집이나 카페 등에서 상품을 직접 사용하는 영상을 촬영해 보실 것을 추천한다.

업로드용 영상은 다음 2가지 형태로 만들어 보자.

첫째, 영상을 만들 때 우리 제품 1개만 추천하는 형태
둘째, 타사의 비슷한 제품도 같이 추천하는 형태

우리 제품의 차별점, 특장점이 두드러지도록 제작을 하고 첫 번째 형태의 영상을 올릴 때는 스마트스토어에 올린 상품의 링크를 고정댓글로 달아주면 된다. 두 번째 형태의 영상일 경우 쿠팡파트너스를 활용하여 추천하는 여러 가지 제품의 링크를 같이 달아주면 좋다. 다만 숏츠 영상에는 댓글로 링크를 달 수 없다. 미드폼 형태의 일반 영상을 제작하여 댓글로 달아주면 된다.

6) 트래픽을 활용하여 홍보하기

제품 홍보 형태의 유튜브 활용을 보았다면 이번에는 이 트래픽을 활용하여 사업이나 브랜딩에 적용을 시켜보겠다.

지식 사업이나 교육 사업에서 자주 사용되는 방법이다. 예를 들어서

다이어트 관련 사업을 진행 중이라면 다이어트에 대한 영상을 꾸준히 업로드한다. 구독자와 조회수는 중요하지 않다. 수치에 너무 연연하지 말고 영상을 꾸준하게 올리는 것이 중요하다.

이후 네이버 카페, 카카오톡 채팅방을 만들어 사람들을 모은다. 사람들을 모아서 가둬놓는 것이다. 이를 위해 다이어트와 관련된 좋은 정보들을 조금씩 전달하면 된다.

일정 수의 사람들이 들어오게 되면 다이어트 챌린지를 운영하거나 다이어트에 효과적인 식단을 구독제로 제공하는 등의 여러 수익화 모델을 구성하여 제공한다.

지식 사업이라면 지식을 배울 수 있는 강의 형태나 오프라인 모임 형태 등으로 구성하여 커뮤니티를 운영하면 된다. 이러한 형태의 수익화 모델은 유튜브 수익 창출 조건과는 무관하다.

> **Tip**
>
> 사후관리가 매우 중요합니다. 절대 고객을 돈으로 보면 안 됩니다. 고객이 있어야 우리가 존재하고 더 성장할 수 있습니다. 꾸준한 사후관리와 CS는 필수입니다. 상생하는 구조가 오래갑니다.

7) 유튜버가 되는 목적 분명히 하기

우리는 유튜버가 되는 목적을 분명히 해야 한다. 유튜브를 단순히 일기장처럼 사용할 분들은 이 책을 굳이 읽지 않았을 것이다.

다들 경제적 자유를 달성하기 위해 또 다른 수익화 모델링을 생각하고 있을 텐데 유튜브라는 거대한 홍보 플랫폼을 활용할 계획을 세우고 접근하기 바란다.

앞서 소개한 모델들을 활용하여 반드시 구체적인 수익화 모델을 먼저 구성하는 것이 중요하다. 그 이후에 우리가 구성한 모델 안으로 사람들을 모으는 작업을 유튜브라는 강력한 무기를 가지고 하는 것이다.

4. 내가 잠든 사이

(1) 패시브 인컴 만들기

1) 온라인 강의 개설하기

우리는 앞서 유튜브를 활용한 모델링을 만들었다. 그중에는 강의나 코칭 등도 있을 텐데 이 강의와 코칭을 이제 우리가 일하지 않고도 수익을 가져다줄 수 있는 패시브 인컴 형태로 만들어 놓아야 한다.

수익화 모델을 진행하면서 영상을 많이 촬영했을 것이고 이제 영상 제작에 대한 거부감이나 두려움은 사라졌다면 이러한 경험과 노하우를 바탕으로 강의 영상을 구성하여 나만의 온라인 클래스를 개설한다.

여러 플랫폼이 있지만 '라이브클래스'라는 곳을 활용하여 업로드를 한다. 라이브클래스는 회원가입과 결제까지 모두 가능한 프리랜서 강사들을 위한 플랫폼으로 약간의 수수료가 있지만 우리가 처음부터 사이트를 구축한다면 매우 큰 비용이 들기 때문에 이러한 플랫폼을 활용해 보실 것을 추천한다.

그럼에도 거부감이 있다면 유튜브 멤버십을 활용하면 된다. 나의 유튜브 채널에 멤버십 회원들만 볼 수 있도록 영상을 업로드하여 운영하면 된다. 접근성이 쉽다는 장점이 있지만 멤버십 금액에 대한 수수료가 라이브클래스에 비해 크기 때문에 이 부분은 직접 비교해 보고 성향에 맞는 곳을 활용하면 된다.

2) 전자책 만들기

영상을 만들어 보았다면 전자책은 더 쉽다. 강의를 만들 때 사용한 원고나 교육자료를 텍스트화시키면 된다.

텍스트화가 어렵다면 우선 강의 내용을 전부 텍스트로 변경하면 된다. 네이버 클로바를 활용하여 영상에 있는 음성을 텍스트화시킬 수 있다.

그리고 텍스트를 ChatGPT에 업로드하여 내용을 요약 또는 정리한다. 다른 방법으로는 유튜브에 비공개 영상으로 업로드를 하여 ChatGPT에 VoxScript라는 GPTs를 활용하면 영상에 있는 내용을 요약해 준다.

내용이 너무 축약될 수 있으니 파트를 나눠서 GPT에게 역할을 부여하면 충분히 전자책으로 사용할 만큼의 분량이 나올 것이다. 전자책이 완성되면 크몽이나 탈잉 등 전자책, 재능 공유 플랫폼에 업로드해서 2가지 패시브 인컴을 모두 활용하시길 바란다.

> **Tip**
>
> 전자책 형태의 패시브 인컴을 오래 지속하는 방법은 바로 후기 관리!
> 전자책, 온라인 강의는 후기가 생명입니다. 후기를 잘 관리하고 고객의 피드백을 빠르게 반영하여 리뉴얼하는 것이 핵심입니다.

5. 돈이 일하게 하라

(1) 인력 레버리지

1) 온라인 마켓 자동화

우리는 국내 위탁 판매 형태와 알리익스프레스, 테무와 차별화된 구매대행 형태에 대해 살펴보았다.

하나부터 열까지 모든 프로세스를 아는 것이 중요하지만, 본업을 하고 퇴근해서 또 시간을 들여 상품등록을 한다는 것이 쉽지 않다는 것을 필자도 잘 알고 있다. 그래서 필자는 레버리지가 가능한 부분을 추천하고자 한다.

레버리지라 하면 대출의 개념으로 이해하여 불편할 수도 있지만, 인력을 레버리지 한다고 생각하면 된다. 쉽게 말해 나 대신에 상품을 등록할 알바생을 사용한다고 이해하면 된다.

쇼핑몰 수익도 얼마 안 되는데 알바생이 무슨 말인지 의아할 수 있지만, 우리가 퇴근하고 하루에 상품을 한 개 등록할 수 있다면, 비용을 조금 쓰더라도 상품을 꾸준히 그리고 빠르게 등록할 수 있는 알바생을 사용하는 것이 비용적으로나 시간적으로 훨씬 효율적이다. 실제로 필자도 이를 활용하고 있다.

지금 당장 알바몬 애플리케이션을 실행해서 '상품등록'이라고 검색해 보자. 그리고 알바 공고를 몇 개 읽어보자. 그러면 바로 이해할 수 있을 것이다. 그리고 생각보다 비용이 비싸지 않아서 놀랄 것이다. 건당 300원 수준으로도 충분히 가능하다. 심지어 필자보다 경험이 많은 경력자를 말이다.

일정 수량의 상품이 등록되고 판매데이터를 분석할 동안에는 인력 레버리지를 사용할 필요가 없다. 그렇기에 고정비를 줄일 수 있다. 또 한 가지 방법은 판매량과 매출이 나오면 복수사업자를 운영하여 첫 번째 사업자와 동일한 방법으로 마켓을 늘리면 된다.

여기서 하나의 사업자에 집중해서 매출을 올려야 하는 것은 아닌지 궁금할 수 있는데 수년간 필자가 경험한 것과 이미 운영하고 있는 수많은 셀러들의 후기를 보시길 바란다. 한 개 사업자로 매출을 1억 원 내는 것보다 매출 2천만 원짜리 사업자 5개를 운영하는 게 더 쉽다는 사실을 알게 될 것이다. 복수 사업자를 등록하는 것에 대해 두려움이 없었으면 좋겠다.

2) 유튜브 자동화

유튜브 채널 성장의 핵심은 꾸준한 영상 업로드이다. 이를 위해서는 충분한 원고와 빠른 편집이 필요하다.

원고를 보고 분석할 수 있는 능력은 반드시 키워야 한다. 그러나 우리는 원고를 작성하고 편집할 시간이 부족하다. 그래서 이 또한 원고작성자와 편집자를 구하면 된다. 이 분야는 크몽에서 보면 프리랜서 작업자들이 많이 있다. 그리고 작가, 영상 편집자 커뮤니티에 가면 많은 사람들이 있는 것을 볼 수 있다.

우리가 직접 주제와 기획을 하고 원고는 프리랜서 작업자에게 요청한다. 그리고 편집도 프리랜서 작업자에게 요청한다. 비용은 발생하겠지만 우리가 꾸준히 영상을 업로드할 수 있도록 만들어 주기 때문에 반드시 활용해야 하는 부분이다. 다만 기대수익보다 작업료가 많이 발생한다면 더 저렴하게 할 수 있는 프리랜서 작업자를 찾아야 한다.

(2) 재테크 마인드

1) 욕심은 금물

일확천금의 요행을 바라면 안 된다. N잡을 하기 위해 시간과 노력을 들여 파이프라인을 유지하고 있는데 일확천금을 노리다 한순간에 돈을 날릴 수 있기 때문이다.

아는 지인에게 추워들은 주식 정보, 코인 정보에 투자하지 말고, 또 높은 이자율을 주겠다는 투자 정보는 원금도 회수하지 못할 확률이 매우 높으니 절대 투자하지 말자. 모든 투자의 책임은 투자자에게 있다.

2) 적은 돈으로 시작하기

목돈이 있을 때 큰 수익을 얻을 수 있는 것은 사실이다. 그러나 목돈을 모아 투자하기보다는 지금 당장 일정 금액으로 꾸준히 투자하기를 추천한다. 요즘은 적립식 투자를 할 수 있는 ETF 등의 상품이 많이 있다. 매달 일정 금액을 적립식으로 투자하여 목돈을 만들자.

필자는 국내 주식과 미국 주식에 투자하고 있다. 분산 투자와 관련해 "계란을 한 바구니에 담지 말라"는 말이 있다. 리스크 관리를 위해 분산 투자를 하는데 종목과 상품에도 분산하지만, 투자 지역에도 분산하는 것이다.

코로나 시기와 여러 지정학적 리스크를 겪으면 많은 투자자들이 미국주식에 투자하고 있다. 영어를 잘하지 못해도 미국에 직접 가지 않아도 MTS(모바일 증권 거래 시스템)를 활용해 어렵지 않게 투자할 수 있다.

3) 포기하지 말기

N잡러로서의 가장 중요한 핵심은 포기하지 않는 것이다. 누군가에

게는 온라인 사업, 유튜브의 성과가 빠르게 나올 수도 있지만, 대부분은 완만하게 성과가 올라온다. 포기하지 않고 시간이 쌓이면 갑자기 폭발적으로 성장하는 시기가 반드시 찾아올 것이다.

절대 포기하지 말자!
여러분들의 성공을 진심으로 응원한다!

참고문헌

- "낮에는 회사원, 밤에는 사장님… 늘어나는 고학력 N잡러"
- "[KYD 출범] 2030세대 60% N잡러... 평생직장 개념 약해져"
- "퇴근하고 또 일하러… 부업하는 'N잡러' 이렇게 많아?"
- "[MZ파이어족플랜] 멸종위기 K-파이어족, 사이드 파이어족으로 진화한다?"
- "파이어족의 5가지 유형! 저는 '사이드 파이어족'입니다"
- 경기침체로 한물간 파이어족?… "꺼진 불도 다시 보자"
- "한국인 1인당 유튜브 월평균 사용 40시간 돌파"

저자소개

김동현 KIM DONG HYUN

학력
- 충남대학교 수학과 졸업

경력
- 사단법인 온라인유통MD협회 이사
- 중소기업유통센터 이커머스 분야 평가위원
- 대전일자리경제진흥원 평가위원
- 한국표준협회 컨설턴트
- 광주경제진흥상생일자리재단 컨설턴트

자율주행 기업에서의 나의 경제적 자유

유민상

1. 경제적 자유를 가져올 자율주행 기업 선택

필자는 현대자동차 연구개발기획조정실 책임연구원으로 근무하다가 현재 오토노머스에이투지 미래전략실 CSO(최고전략책임자)로 근무 중이다.

오토노머스에이투지는 2018년에 설립된 자율주행 자동차 스타트업으로 현대자동차에서 자율주행을 연구하던 4명의 연구원이 창업한 회사이다. 웨이모, 크루즈와 마찬가지로 라이다, 카메라, 레이더 센서를 모두 활용하는 센서 융합 방식의 레벨4 자율주행 기술을 보유하고 있다. 2022년 기준 대한민국에서 가장 많은 31대의 자율주행 자동차를 운행 중이며, 누적 자율주행 거리가 153,150마일로 미국 10위, 국내 1위의 기록을 보유하고 있다.

2019년 현대자동차가 글로벌 기술 순위 15위에 랭크된 이후, 대한민국 기업으로는 유일하게 랭킹에 진입하였으며, 랭킹 또한 13위로 테슬라보다 높은 점수를 받아 주목을 받고 있다.

필자는 경제적 자유를 위해 모든 역량을 자율주행 자동차에 집중하고 있다. 현대자동차에서도 4차 산업혁명 시대의 미래의 신기술인 자율주행에 대해서 오랫동안 연구해 왔으며, 지금도 오토노머스에이투지 미래전략실에서 대한민국의 미래 차인 자율주행에 올인하여 모빌리티 혁명을 이룰 것이다.

물론 이 책의 출간 의도인 경제적 자유 이전에 신체적, 정신적 건강에 대해서도 늘 염두에 두고 있지만 안전한 자율주행 자동차 시대를 연구하고 선도하는 것이 필자의 건강한 경제적 자유이기에 이번 책을 통해서도 자율주행 중심의 새로운 패러다임 변화를 전달하고 싶다.

2. 자율주행 자동차가 가져올 미래 경제적 변화

(1) 자율주행 자동차와 AI

2000년대 초기는 인터넷 발달로 '초연결 시대'의 진입을 알렸고, 사람 간의 통신을 넘어 사람과 사물, 사물과 사물이 연결되는 IoT(Internet of Things, 사물인터넷) 기술이 등장하였다.

시간이 흘러 2020년대 AI 기술의 급속한 발달과 더불어 IoT 기술은 한 단계 진보하였고, 사물과 통신의 연결에 그치지 않고 '이동'이라는 공간의 개념을 더한 MoT(Mobility of Things) 기술이 등장하였다.

MoT 기술이 적용된 사물은 '이동성'을 갖게 되고, 공간을 찾아가는 시대에서 공간이 찾아오는 시대로의 변화를 이끄는 모빌리티 혁명을 주도하고 있다. 이러한 모빌리티 중 자율주행 자동차, AAM(선진항공모빌리티), 로보틱스는 우리 삶에 직접적으로 영향을 끼칠 핵심 제품군이자 대표적인 기술로 손꼽히고 있다.

특히 이 중에서 자율주행 자동차는 가장 먼저 상용화될 분야로 예상되는데, 맥킨지 컨설팅은 2030년까지 자율주행 자동차가 1조 달러 이상의 시장을 형성할 것으로 예측하였고, 보스턴 컨설팅 그룹은 2035년까지 자율주행 자동차 시장 규모가 7,000억 달러에 이를 것이며 더욱 확대될 것으로 예측하였다.

우리나라 정부 또한 자율주행 자동차 산업의 발전 가능성에 주목하고, 이를 미래 핵심 성장 동력으로 육성하기 위해 2022년 9월 19일 국토교통부 주관으로 '모빌리티 혁신 로드맵'을 발표하였다. 이를 통해 자율주행 자동차의 중장기 목표 및 계획을 마련하고 국정과제로 추진하여, 2027년 세계 최초로 레벨4 자율주행 자동차 상용화를 위한 기반을 구축하겠다는 의지를 밝혔다.

그렇다면 지금 자율주행 자동차의 수준은 정확히 어디에 와있고, 언제 어떤 모습으로 상용화되어, 우리의 삶을 어떤 모습으로 바꿀까?

(2) 자율주행 자동차 개발 현황

자율주행 자동차의 레벨을 분류하는 기준은 이미 너무도 잘 알려진 미국 SAE J3016 문서에 근거하고 있다. 본 문서에 따르면 레벨0에서 레벨2까지는 첨단운전자보조기능(ADAS, Advanced Driver Assistance System)이라고 정의하며, 레벨3에서 레벨5까지를 자율주행 자동차라고 정의하고 있다.

현재 상용화된 기술의 수준은 레벨2로, 차량 앞뒤와의 거리를 조정하는 '종방향 제어'와 차선 내의 위치를 조정하는 '횡방향 제어'를 동시에 하는 시스템을 의미한다. 잘 알려진 현대기아자동차의 고속도로 주행보조 2(HDA2, Highway Driving Assist 2)와 테슬라의 오토파일럿(Auto Pilot) 등이 여기에 속한다.

이제 막 상용화가 도입되고 있는 단계인 레벨3은, 고속도로 내에서 차로 유지만 가능한 기능으로 '운전자 개입'이 상시 준비되어야 있어야 하는 수준을 의미한다. 메르세데스-벤츠가 2021년 12월 전 세계 최초로 독일 교통부(KBA)로부터 레벨3 자율주행 자동차 인증을 받았으며 지난 2022년 6월부터 일반인 판매를 개시하였다. 우리나라에서는 현대자동차그룹이 기아 EV9 차량에 이를 적용해 2023년 연말부터 양산할 것으로 선언한 바 있다.

그렇다면 정부에서 상용화를 목표하고 있는 레벨4는 이들과 어떤 것이 다를까? 레벨4 자율주행 자동차란 '정해진 구간' 안에서 '운전자 개입'이 전혀 필요 없는 자동차를 의미한다. 즉, 각종 공상과학 영화 등에서 본 것 같이 운전석은 물론 페달이나 스티어링 휠(운전대) 등 운전자에게 필요한 각종 조작장치 또한 없애는 것이 가능한 것이다.

(3) 자율주행 자동차 제도 현황

자율주행 자동차가 상용화되기 위해서는 가장 먼저 선결되어야 할 과제는 법과 제도의 정비이다. 현행 자동차의 '제작' 기준인 〈자동차 관리법〉과 〈자동차 및 자동차부품의 성능과 기준에 관한 규칙(자동차 안전기준)〉은 운전자가 있는 형태의 전통적인 자동차를 기반으로 제정된 법규이다. 따라서 운전자가 없어지는 형태에 기반하여 해당 법규를 재정비해야 하며, 법규 대상인 '전제' 자체가 바뀌는 개념이기 때문에 거의 제로 베이스 수준에서 검토가 이루어져야 하는 쉽지 않은 작업으로 예상되고 있다.

자동차의 국제기준을 제정하는 유럽경제위원회(UNECE) 산하 자동차국제기준조화포럼(WP29)에서도 지난 2022년 6월에 레벨3 자율주행 자동차의 안전기준 제정을 마치고, 이제 막 레벨4 자율주행 자동차 법규의 논의를 시작하는 단계이다. 기존 운전석이 있는 형태의 자동차에 기반한 레벨3 법규 제정이 약 4년 정도 소요된 것을 고려해 보면, 완전히 새로운 형태의 자동차에 기반한 레벨4 법규 제정은 더 많은 어려움과 시간이 소요될 것으로 예상되고 있다.

다음으로 운전자의 의무인 〈도로교통법〉 또한 안전기준 못지않게 넘어야 할 큰 산으로 예상된다. 현행 도로교통법은 운전자인 '사람'을 대상으로 제정된 법규이다. 따라서 사람 운전자가 없어지는 레벨4 자율주행 자동차부터는 '시스템'이 대상이 되는데, 현행 법규를 그대로 시스템에 적용하기에는 상충되는 부분이 다수 발생한다. 예를 들어, 사고 시 형사처벌 규정을 그대로 적용한다고 하면, 시스템을 설계한 개발자가 처벌을 받아야 하는지, 시스템이 탑재된 차량을 제조한 제조사의 경영자가 받아야 하는지, 아니면 근본적으로 시스템의 오류에 대해 형사처벌 규정을 적용하는 것이 합당한지, 고민해야 할 요소가 다수 존재한다.

사실 이러한 문제는 미래 모빌리티에 모두 적용되는 공통된 사항으로, 무인 기술, 즉, 인공지능(AI)에 대한 법적 책임을 어떻게 규정할 것인가에 대한 근본적인 문제이다. 미래 모빌리티의 포문을 여는 첫 번째 주자가 자율주행 자동차로 예상되기에 본 문제의 첫 방향성을 자율주행 자동차의 법제 정비 과정에서 다루게 된 바, 입법 관련자들의 부담 또한 상당한 상황이다.

더욱이 레벨3 자율주행 자동차의 사례에서도 볼 수 있듯이, 법규가 제정되더라도 이러한 법규에 근거하여 차량을 양산하기까지 약 18개월 이상의 시간이 소요되었다. 즉, 2027년 레벨4 자율주행 자동차 양산이라는 국가 비전을 달성하기 위해서는 최소 그보다 2년 전인 2025년까지는 법과 제도의 정비가 완료되어야 할 것이다. 따라서 이제 남은 시간이 3년에 불과하기 때문에, 근본적이고 어려운 문제임에도 불구하고 가장 빠르게 속도를 내야만 하는 선결 과제로 판단된다.

또한, 레벨4 자율주행 자동차의 상용화를 위해서는 관련 법 제도의 정비와 동시에, 대중들의 사회적 수용성 향상 또한 병행되어야 한다. 자동차의 사고는 탑승객에게 영향을 끼칠 뿐 아니라, 보행자와 타 차량 운전자 등 제3의 도로 이용자에게 영향을 끼치기 때문에, 이들이 자율주행 자동차의 공공도로 운행에 대해 수용할 수 있는 수용성 향상이 필수불가결한 요소이다.

(4) 자율주행 자동차 기술 현황

사람이 직접 운전할 때 운전자는 ① 눈으로 주변 상황을 '인지'하고, ② 어떤 경로로 주행할지 머릿속으로 '판단'하고, ③ 손과 발로 핸들과 페달을 조작하여 차량을 '제어'한다. 자율주행 자동차의 로직도 이와 마찬가지 흐름으로 진행된다. 즉, ① 레이다, 카메라, 라이다와 같은 센서로 주변 상황을 '인지'하고, ② 시스템을 통해 어떤 경로로 주행할지 '판단'하고, ③ 판단한 동작을 수행하여 차량을 '제어'함으로써 자율주행을 구현하는 것이다. AI는 이러한 인지, 판단, 제어 전 영역에서 거쳐서 모두 역할을 수행하며 자율주행 자동차의 안전성과 효율성을 높이는 데 큰 역할을 한다.

1) 인지 영역

첫째로, 인지 측면에서 AI는 다양한 센서를 이용하여 주변 환경을 파악하고 이를 이해하는 역할을 수행한다. 이를 위해, 다양한 센서가 사용되며 주요한 센서로는 레이다, 카메라, 라이다(Lidar) 등이 있다. 레이다는 차량과 물체 사이의 거리, 속도, 방향 등의 정보를 제공하여 자율주행 차량이 물체를 감지하고 피할 수 있도록 돕는다. 카메라는 차량의 위치, 속도, 방향 등을 파악하고, 다양한 특징을 인식하여 차선 인식, 신호등 인식, 표지판 인식 등의 기능을 수행한다. 라이다는 레이저를 방출하고, 레이저가 물체에 반사되어 돌아오는 시간을 측정하여 물체의 거리와 위치를 매우 정확하게 파악한다.

AI는 이러한 다양한 센서에서 수집된 데이터를 분석하고, 주변 환경의 정보를 이해하는 역할을 수행한다. 이를 위해, AI는 기계학습, 딥러닝, 컴퓨터 비전 등의 기술을 적용하여 데이터를 분석하고, 다양한 패턴을 인식할 수 있고, 이를 통해 자율주행 자동차는 주행 중 다양한 환경에서 안전하고 정확한 판단을 내릴 수 있다.

2) 판단 영역

둘째로, 판단 측면에서 AI는 인지 단계에서 수집한 데이터를 기반으로 다양한 상황에서 어떤 결정을 내릴지 판단하는 역할을 수행한다. 이를 위해 AI는 다양한 알고리즘과 기술을 사용하여 데이터를 분석하고,

다양한 예측 모델을 구축한다. 예를 들어, 자율주행 자동차가 도로에서 다른 차량과 교차로에서 만나는 상황을 고려해 보자.

AI는 레이다, 카메라, 라이다, 초음파 등의 센서에서 수집된 데이터를 분석하여 차량의 위치, 속도, 방향 등의 정보를 파악하고, 다른 차량의 동작을 예측한다. 이를 위해 AI는 딥러닝과 같은 기계학습 알고리즘을 사용하여 다양한 차량의 움직임과 동작 패턴을 학습하고, 이를 토대로 다른 차량의 행동을 예측한다. 또한, 판단 과정에서는 실시간으로 다양한 정보를 수집하고, 이를 기반으로 운전 조건을 적응적으로 조정한다. 즉, 도로 상황이 갑자기 변할 때는 AI가 이를 인식하여 적절한 조치를 취하고, 차량의 속도나 주행 경로 등을 적응적으로 조정하는 것이다.

3) 제어 영역

셋째로, 제어 측면에서 AI는 판단 과정에서 결정된 결과를 바탕으로 차량을 조종한다. 이를 위해 AI는 차량의 주행 시스템과 연결되어 있는 다양한 장치와 소프트웨어를 사용하여 차량의 주행, 조향, 브레이크, 가속 등을 제어한다.

주행 제어의 경우, AI는 차량의 위치, 속도, 주행 경로 등의 정보를 기반으로, 주행 제어 시스템을 제어하는데, 이를 위해 AI는 차량의 위치와 속도를 실시간으로 감지하고, 필요한 경우에는 조향과 브레이크를 제어하여 차량의 주행을 안전하게 유지한다. 또한, 차량의 주행 경로가 예상치 못한 상황에서 벗어날 때, AI는 이를 감지하고 적절한 조치를 취하여 주행을 보정한다.

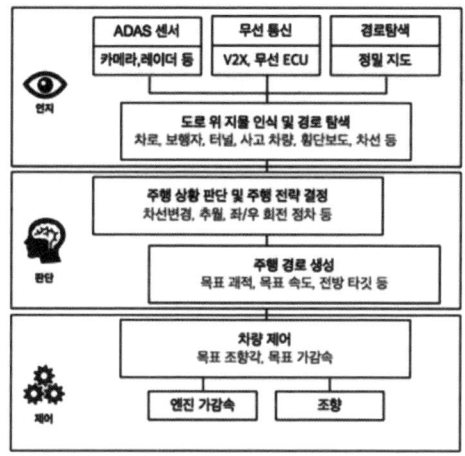

자율주행자동차의 인지, 판단, 제어 흐름

가속과 브레이크 제어의 경우, AI는 차량의 속도와 거리를 기반으로, 가속과 브레이크를 제어한다. 이를 위해 AI는 차량 앞의 거리, 차선 변경 등의 상황을 감지하고, 필요한 경우에는 가속과 브레이크를 제어하여 차량의 속도를 적절하게 유지한다.

또한, 자율주행 자동차의 제어 과정에서는 AI가 차량의 운전 조건을 지속적으로 모니터링하고, 이에 따라 적절한 조치를 취한다. 예를 들어, 자동차의 주행 상태가 위험하다고 판단되면, AI는 이를 감지하여 주행을 중지하거나 운전자에게 경고 메시지를 전송하여 적절한 대응을 촉구할 수 있다. 이러한 제어 과정을 통해 자율주행 자동차는 인지, 판단,

제어의 각 단계에서 AI의 역할을 수행하여, 안전하고 원활한 주행을 지원하는 것이다.

3. 자율주행 기업들의 현황과 나의 경제적 자유

(1) 기존 플레이어

기존 플레이어인 자동차 제조사들은 레벨2 상용화를 넘어, 레벨3 상용화 경쟁에 뛰어들어 우위를 선점하기 위한 노력을 기울이고 있다. 100대 한정 생산에 그치긴 했지만 전 세계 최초로 레벨3 인증받은 혼다, 현재까지 전 세계에서 유일하게 상용화를 위한 인증을 받은 것으로 평가되는 메르세데스-벤츠를 필두로, 다른 제조사들도 경쟁에 가세하는 분위기이다.

가장 먼저 현대자동차는 HDP(Highway Driving Pilot)이라 명명한 레벨3 자율주행 기능을 2023년 출시될 제네시스 G90 후속 차량과 기아 EV9 신차에 적용하겠다는 계획을 발표하였다. 특히, 우리나라 법규의 경우 레벨3 국제기준과 다르게 '60km/h 이하'라는 속도제한 규정이 없어, 80km/h까지 주행할 수 있도록 기능을 적용할 계획이다.

BMW 역시 2023년 하반기에 출시될 차세대 7시리즈에 레벨3를 적용할 예정이며, 그 뒤를 이어 볼보(Volvo)가 2024년 출시 예정인 EX90 모델에 라이드 파일럿(Ride Pilot)이라고 명명한 레벨3를 적용할 예정이다. FCA그룹과 PSA그룹이 합병한 스텔란티스(Stellantis) 또한 2024년부터 판매할 신모델에 레벨3를 공급할 계획임을 발표하였다.

이렇듯 기존 자동차 제조사들이 레벨3 시장에 초점을 두고 경쟁하는 이유는, 아직은 수익을 내기 어려운 자율주행 기술 관련 제도 여건과 더딘 기술 개발의 속도를 고려하여, 완전 자율주행 시장으로의 연착을 시도하는 것으로 해석할 수 있다. 즉, 자율주행의 상용화가 예상보다 더 길어질 수 있음을 수용하고, 속도 완급을 조절하며 서서히 진입로를 확보하기 위한 시도인 것이다.

(2) 신규 플레이어

자율주행 업계의 신규 플레이어들은 주로 IT업체 기반 또는 자동차 제조사와 합작법인(JV, Joint Venture)이나 자회사 기반으로 이루어져 있으며, 레벨3가 아닌 레벨4 자율주행 자동차를 제작하고 있다.

물론 레벨4 자율주행 자동차는 전 세계적으로 아직 법규(안전기준)가 제정되어 있지 않기 때문에, 모든 업체는 각국의 정부로부터 공공도로 운행 허가를 받아야 하며, 실증 목적으로 제한적인 서비스만을 제공할 수 있는 수준이다.

하지만 자율주행 자동차의 안전성이 향상되기 위해서는 시뮬레이션이나 제한된 시험장이 아닌 '공공도로'에서 얼마나 많은 주행을 통해 한계 상황을 검증하고 안전성을 확보하였는가가 중요한 요소이다. 따라서 얼마나 많은 레벨4 자율주행 자동차를 정부로부터 운행 허가를 받았으며, 이를 기반으로 얼마나 많은 자율주행을 공공도로에서 주행하였는가는 자율주행 자동차 업체의 기술 순위를 평가하는 핵심 지표로 손꼽힌다.

우리나라의 경우도 동일한 상황이며, 2022년 10월을 기준으로 258대의 레벨4 자율주행 자동차가 국토교통부로부터 운행 허가를 받아 공공도로에서 실증을 진행하고 있다.

즉, '완성차'라는 수익 모델을 가진 기존 플레이어인 제조사들과는 다르게, 현재 수익을 발생할 모델이 없는 신규 플레이어들은 레벨3 시장이 아닌 레벨4 시장에 바로 뛰어들고 있는 것이다. 이를 통해 신규 플레이어들은 레벨4 제도 기반이 구축되기 전에 시장을 선점하고, 공공도로 주행을 통해 시스템 안전성을 계속해서 고도화함으로써 경쟁 우위를 점하기 위한 노력을 기울이고 있는 것으로 해석할 수 있다.

(3) 자율주행 기업 순위

가이드하우스 인사이트 2023년 자율주행 기술 종합순위

이렇듯 치열한 전 세계 자율주행 자동차 시장에서 기술 순위를 평가하는 객관적인 지표로는 공공 인프라 분야에서 세계 최대 규모의 글로벌 컨설팅 업체인 '가이드하우스의 자율주행 리더보드'가 손꼽힌다.

지난 2023년 2월에 발표한 평가 결과에 따르면, Alphabet(Google의 모기업)의 자회사 웨이모(Waymo)와 Intel이 인수한 모빌아이(Mobileye), GM의 자회사 크루즈(Cruise)와 중국의 바이두(Baidu)가 자율주행 업계의 리더 그룹(Leaders)으로 선정되었다.

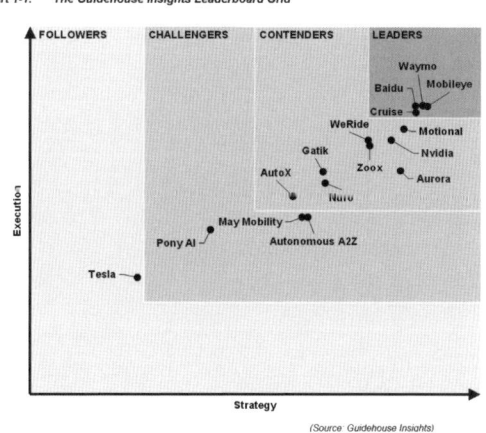

가이드하우스 인사이트 2023년 자율주행 기술 종합순위

특히, 웨이모와 크루즈는 기술 순위뿐만 아니라, 실제 미국 공공도

로에서 자율주행 중인 거리 또한 미국 전체 자율주행 거리의 80%를 차지하고 있어 명실공히 자율주행의 선두기업으로 인정받고 있다.

우리나라 기업 중에서는 오토노머스에이투지(Autonomous A2Z)가 13위에 랭크되었으며, 테슬라(Tesla)는 16위로 가장 성적이 저조한 추종자 그룹(Followers)으로 평가받았다는 것 또한 주목할 만한 점이다.

1) 웨이모(Waymo)

구글이 2009년부터 자율주행 자동차 기술 개발을 시작하여, 2016년 독립 회사로 분할하여 설립한 것이 바로 웨이모이다. 웨이모는 라이다, 카메라, 레이더 센서를 모두 사용하는 센서 융합 방식의 레벨4 자율주행 기술을 보유하고 있으며, 자사 기술을 활용하여 상용화를 추진하고 있다. 2018년부터는 미국 애리조나주에서 자사의 자율주행 택시 서비스인 Waymo One을 상용화하였으며, 이후 샌프란시스코와 LA 등 더 많은 지역에서 상용화를 확장하고 있다. 2022년 기준 총 384대의 자율주행 자동차를 운행 중이며, 누적 자율주행 거리가 9,993,294마일로 미국 1위의 기록을 보유하고 있다.

2) 크루즈(Cruise)

크루즈는 2013년에 캘리포니아에서 설립된 자율주행 자동차 스타트업으로, 2016년에 미국 대형 자동차 제조사인 GM에 인수되어 자회사가 되었다. 크루즈 역시 웨이모와 마찬가지로 라이다, 카메라, 레이더 센서를 모두 사용하는 센서 융합 방식의 자율주행기술을 보유하고 있으며, 특히, 무인 자율주행 분야에서 선도적인 위치에 있다. 2022년 기준 총 350대의 자율주행 자동차를 운행 중이며, 누적 자율주행 거리가 3,929,378마일로 미국 2위의 기록을 보유하고 있다.

3) 오토노머스에이투지(Autonomous A2Z)

오토노머스에이투지는 2018년에 대한민국에서 설립된 자율주행 자동차 스타트업으로 현대자동차에서 자율주행을 연구하던 4명의 연구원이 창업한 회사이다. 웨이모, 크루즈와 마찬가지로 라이다, 카메라, 레이더 센서를 모두 활용하는 센서 융합 방식의 레벨4 자율주행 기술을 보유하고 있다. 2022년 기준 대한민국에서 가장 많은 31대의 자율주행 자동차를 운행 중이며, 누적 자율주행 거리가 153,150마일로 미국 10위, 국내 1위의 기록을 보유하고 있다.

2019년 현대자동차가 글로벌 기술 순위 15위에 랭크된 이후, 대한민국 기업으로는 유일하게 랭킹에 진입하였으며, 랭킹 또한 13위로 테슬라보다 높은 점수를 받아 주목을 받고 있다.

4) 테슬라(Tesla)

테슬라는 2003년 일론 머스크에 의해 설립된 전기차 제조사로 글로벌 자동차 업계에서 혁신의 상징으로 불리고 있다. 반면 초기와는 다르게 객관적인 지표들에서 고전을 면치 못하고 있는데, 금번 가이드하우스 평가에서는 3년 연속 최하위로 평가되었고, 미국 시장조사기관 JD파워의 자동차 품질조사에서도 33개 브랜드 중 30위에 그쳤다.

이는 테슬라가 그들의 자율주행 기술을 자율주행 자동차가 아닌 여전히 레벨2 수준의 첨단운전자보조기능(ADAS)으로 선언하고 있는 것이 주요 원인으로 손꼽힌다. 따라서 테슬라는 타 자율주행 업체와는 다르게 모든 사고 책임이 소비자에게 있고, 잇따른 인명사고 발생으로 수많은 소송과 정부 조사 등의 리스크에 직면해 있는 상태이다.

4. 우리의 삶은 어떻게 변화할 것인가?

(1) 인식의 변화

기술 발달의 속도 대비 자율주행 자동차의 상용화 속도는 왜 이렇게 더디기만 한 걸까? 이를 '자동차'라는 측면에서 집중해서 생각해 보자. 현행 도로교통법은 운전자인 '사람'을 대상으로 제정된 법규이다. 따라서 사람 운전자가 없어지는 레벨4 자율주행 자동차부터는 '시스템'이 법규 준수의 대상이 되는데, 현행 법규를 그대로 시스템에 적용하기에는 상충하는 부분이 다수 발생한다. 예를 들어, 사고 시 형사처벌 규정을 그대로 적용한다고 하면, 시스템을 설계한 개발자가 처벌을 받아야 하는지, 시스템이 탑재된 차량을 제조한 제조사의 경영자가 받아야 하는지, 아니면 근본적으로 시스템의 오류에 대해 형사처벌 규정을 적용하는 것이 합당한지, 고민해야 할 요소가 다수 존재한다.

사실 이러한 문제는 미래 모빌리티의 대표 주자인 자율주행자동차, UAM, 로보틱스 등에 모두 적용되는 공통된 사항으로, 무인 기술, 즉, 인공지능(AI)에 대한 법적 책임을 어떻게 규정할 것인가에 대한 근본적인 문제이다.

즉, 미래 모빌리티의 포문을 여는 첫 번째 주자가 자율주행 자동차이기 때문에 이에 대한 기반을 구축하는 데에 오랜 시간이 소요되는 것일 뿐, 인공지능 기술이 우리 삶에 적용되기 위해 반드시 넘어야 할 시간인 것이다.

더욱이 인공지능에 대한 법적 책임을 정비하는 과정은 대중들의 사회적 수용성 향상 또한 병행되어야 한다. 특히, 자율주행 자동차의 사고는 탑승객에게 영향을 끼칠 뿐 아니라, 보행자와 타 차량 운전자 등 제3의 도로 이용자에게 영향을 끼친다. 따라서 제3도로 이용자들 또한 인공지능에 대해 정비된 법령체계에 대해 수용할 수 있는 사회적 수용성 향상은 자율주행 자동차의 상용화를 위한 첫 단계라고 할 수 있는 것이다.

이를 위해서는 상용화를 추진하는 정부뿐만 아니라, 실제 자율주행 자동차가 필요한 구간과 서비스에 대한 시민단체와 운수업계의 의견 수렴도 중요한 요소이다. 운전 기사가 부족해 대중교통의 불편함을 겪고 있는 구간이라든지, 소외 지역과 같이 소요가 많지 않아 운행이 제한되고 있는 구간이라든지, 대중들의 불편함을 해소하고 삶의 질을 향상해 줄 수 있는 영역부터 자연스럽게 첨단 기술이 녹아든다면, 그것이야말로 사회적 수용성을 자연스럽게 향상시킬 수 있는 바람직한 방안이 될 수 있는 것이다.

(2) 일상의 변화

그렇다면 법규의 정비가 완비되고 사회적 수용성도 향상되어 레벨4 자율주행 자동차가 상용화가 되었을 때 우리의 일상은 어떤 모습으로 바뀔까?

글로벌 시장조사기관인 프로스트앤드설리번(Frost&Sulivan)의 2019년 자율주행 시장 동향 분석보고서에 따르면, 2030년에는 버스의 50%, 택시의 25%가 자율주행 자동차로 운행될 것으로 전망하고 있다. 자율주행 관련 법규를 선제적으로 정비하고 있는 독일과 일본의 법제 동향에서도, 레벨4 자율주행 자동차 시장은 대중교통과 물류 시장을 중심으로 시작되고 성장할 것으로 전망하고 있다. 즉, 우리 삶에서 레벨4 자율주행 자동차의 상용화를 체감할 수 있는 건 대중교통과 물류 영역이다.

먼저, 대중교통 영역에서는 운전 기사의 부족난으로 운행이 원활하게 되지 않고 있는 구간에서부터 자율주행 기술이 적용될 것으로 예상된다. 수도권의 특정 시간대라든지, 지방 중소도시의 산업단지라든지, 수요는 있으나 공급의 부족으로 어려움을 겪고 있는 구간들부터 기술 보급이 시작될 것으로 예상된다. 즉, AI가 사람의 일자리를 빼앗는다는 우려의 목소리가 아니라, 사람이 부족한 부분을 채워주는 보완재 개념으로 기술의 발전이 우리의 삶에 긍정적 효과를 가져올 것으로 보인다.

더욱이 레벨4 자율주행 자동차가 상용화된다고 해서 곧바로 무인 자율주행이 가능한 것은 아니다. 99% 안전성이 확보되더라도 1%의 변수를 무시할 수 없는 것이 바로 자동차 안전이기 때문에, 자율주행 자동차 안에는 만약의 사태를 대비한 안전관리자(Safety Operator)가 한동안 필요할 것으로 예상된다.

이는 글로벌 기업들의 사례에서도 볼 수 있는데, 미국과 중국의 대표 자율 기업으로 평가받는 웨이모와 크루즈, 바이두 모두 안전관리자의 배치를 운전석 → 보조석 → 무인화 수준으로 단계별로 이동하였다. 또한, 무인화 서비스 시작 이후에도 안전관리자를 원격 모니터링 요원으로 활용하여 만약의 사태에 대응할 수 있도록 대비하고 있다. 즉, 자율주행 시대에 Driver라는 직업은 사라지는 것이 아니라 Safety Operator로 새롭게 '변화'하는 모습으로 자리할 것이라 예상된다.

물류 영역 또한 레벨4 자율주행 기술이 상용화되는 구간은 모든 물류이동 구간이 아니라 중간 물류거점과 다른 중간 물류거점을 이어주는 구간, 즉 미들마일(Middle Mile)에서부터 시작될 것으로 예상된다. 지난 2022년 10월 세계적 물류업체인 아마존(Amazon)이 배달로봇사업인 '스카우트' 사업을 중단하겠다고 발표한 사례에서 볼 수 있듯이, 고객과 맞닿는 라스트마일(Last Mile)의 무인화는 아직 상용화되기까지 시간이 더 소요될 것으로 보인다. 따라서 레벨4 자율주행 자동차의 상용화는 구간이 정해져 있고, 새벽배송과 같이 시간대가 정해져 변수가 적은 미들마일 구간이 중심이 될 것으로 보이며, 이 또한 대중교통과 같이 수요가 있으나 공급지 적은 부분을 대체해 줄 것으로 예상된다.

(3) 사회의 변화

정리하면, 자율주행 자동차 시장은 시장의 원리에 맡겨 수요자와 공급자와 가격이 형성되는 것이 아니라, 사회 문제를 해소하기 위한 대안으로서의 기술을 도입하는 취지에서 그 첫 시작을 알릴 것으로 예측된다. 이를 통해 자연스럽게 사회적 수용성이 향상되고 기술의 안착이 이루어진 이후에서야 시장의 원리에 맞는 수요가 공급곡선의 균형이 그려질 수 있을 것이다. 즉, 안전한 기술을 개발하려는 기업의 노력과 더불어 기술의 사회적 수용성 향상을 위한 사회 전반의 노력이 함께 필요한 영역이 바로 이 자율주행 자동차 시장인 것이다.

맥킨지 컨설팅에 따르면, 2040년에 자율주행차 판매액은 1,300조

원, 관련 모빌리티 시장 규모만 1,600조 원에 이를 것으로 예상하고 있다. 이 시장은 아직 전 세계 누구도 가보지 않은 시장이기에, 누구에게나 기회가 열려있는 무한한 가능성의 시장이라는 의미이기도 하다. 자동차의 패러다임이 변화하는 혁신의 시기에 대한민국이 시장을 선점하고 글로벌 국가 경쟁력을 갖기 위해선, 정부의 노력과 동시에 기술의 사회적 수용성 향상을 위한 사회 전반의 노력이 함께 필요하다고 생각되며 이러한 노력이 현재진행형에 있다고 생각된다. 이를 기반으로 2027년 세계 최초 자율주행 자동차 상용화라는 국가 비전이 단순한 선언에 그치는 것이 아니라, 실제 실현이 되어 미래 모빌리티 시장의 중심이 되기를 기대해 본다.

5. 초고령사회와 사회 문제

전 세계는 지금 매우 빠르게 고령사회로 진입하고 있고, 특히 대한민국은 그 고령화 속도가 매우 빠른 국가에 속한다. 2019년 통계청에서 발표한 자료에 따르면, 대한민국의 고령화 인구 구성비 추이는 2020년 중반부터는 세계 추이의 2배 이상에 이르러, 2040년에는 3배 이상이 될 것으로 예측되고 있다. 65세 이상 인구가 전체의 20% 이상을 차지하면 '초고령사회'로 분류되는데, 이제 초고령사회로의 진입이 목전에 와있는 것이다.

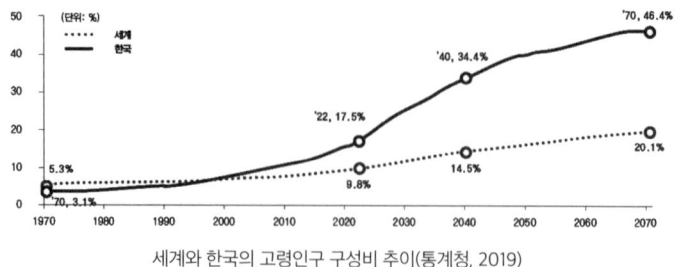

세계와 한국의 고령인구 구성비 추이(통계청, 2019)

일반적으로 초고령사회로 진입하면 사회, 경제적으로 다양한 문제가 발생하는데, 특히 일반 국민들에게까지 영향을 바로 미칠 것으로 예상되는 분야가 바로 '대중교통'이다. 2018년 12월 국무총리 주재 국정현안점검조정회의에 따르면, 현행 노선을 유지하기 위해서는 15,720명의 기사가 필요할 정도로 버스 기사의 부족이 이미 사회 문제가 된 지 오래다.

한국교통안전공단의 자료에 따르면, 2023년 기준 서울시 택시 기사의 50.39%가 65세 이상인 고령인구이며, 개인택시 기사의 평균연령이 64.6세, 법인택시 기사의 평균연령이 63.1세이다. 이를 전국 통계로 확대해 봐도 65세 이상인 기사가 45%(10만7,947명)이며, 특히 개인택시 기사는 52%(8만4,954명)에 이른다.

택시가 아닌 버스의 경우에도 이런 고령화 추세는 유사하여, 버스는 있지만 운전 기사 부족으로 운행되지 못하거나 노선이 사라지는 현상이 나타나고 있다. 충북의 경우, 60대 이상 기사들의 비율이 61.6%에 이르고, 80대도 4명이나 된다.

우리보다 먼저 고령사회에 진입한 일본도 이러한 변화는 유사한데, 후생노동성 자료에 따르면, 2022년 기준 택시 기사의 평균연령은 58.3세이고, 버스는 이미 기사 부족으로 노선 폐지가 잇따르는 중이다. 후쿠오카에서는 32개 노선이 사라지거나 단축되었고, 나가사키와 오사카에서는 16개의 노선 폐지가 진행 중이다. 더욱이 2017년 기준 65세 이상 인구 비율이 28%에 달하는 일본의 경우 저출산·고령화로 2040년까지 전체 지방자치단체의 절반이 넘는 896개가 소멸할 것으로 예상이 된다.

이 소멸의 결정적인 원인이 바로 대중교통의 단절인데, 운전 기사들이 고령화와 도심 편중 현상이 심화되면서 차가 있어도 운행할 사람이 없는 문제가 발생하기 때문이다. 즉, 택시 및 버스 기사의 고령화와 감소는 국민의 이동권 보장을 흔들며, 일상의 붕괴라는 사회 문제로 대두되고 있는 중이다.

6. 자율주행이 만들어 갈 미래

이러한 이동권 문제를 위해 주목받고 있는 분야가 바로 '자율주행'이다. 레벨4 이상의 자율주행 자동차에는 운전자가 필요하지 않기 때문에 기사 인력의 급감이나 지역 및 국가에 상관없이 대중교통을 운행할 수 있어서 국민의 이동권 보장을 위한 유력한 미래 기술로 대두되고 있다. 때문에 레벨4 자율주행 자동차의 법규(안전기준)가 전 세계적으로 제정되지 않은 현재 상황에서도, 초고령사회의 사회적 문제 해결에 우선순위를 둔 국가들은 선제적으로 상용화에 앞장서고 있다.

독일은 지난 2021년 전 세계 최초로 레벨4 자율주행 자동차를 기업 간 거래(B2B)할 수 있는 법안을 공포하였는데, 이 목적을 '대중교통'과 '물류'로 한정하였다. 뒤이어 일본은 지난 2023년 도로교통법을 개정하여, '대중교통'과 '물류'로 사용하는 경우에 한해 레벨4 자율주행 자동차의 도로주행 제한을 해지하였다. 우리나라도 2024년 2월 자율주행차법 개정안이 국회를 통과하여 내년부터 기업 간 레벨4 자율차 거래가 가능하게 되었으며, 이를 통해 레벨4 자율차의 상용화를 앞당기고 국민의 이동권이 개선될 것으로 기대되고 있다.

산업계 역시 이에 맞추어 발 빠르게 움직이고 있는 것을 볼 수 있다. 앞서 살펴본 가이드하우스 인사이트의 '2023년 자율주행 기술 종합순위'를 보면 위라이드, 죽스, 뉴로, 오토노머스에이투지 등 절반에 이르는 기업들이 무인 셔틀 플랫폼을 제작하고 있다.

또한, 글로벌시장조사기관인 프로스트앤설리번(Frost&Sulivan)의 2019년 자율주행 시장 동향 분석보고서에서도, 2030년에는 버스의 50%, 택시의 25%가 자율주행 자동차로 운행될 것으로 전망하고 있다. 즉, 우리의 삶에서 자율주행 자동차의 상용화를 체감할 수 있는 건 대중교통 영역인 것이다.

물론 아직 논란들은 남아있다. 자율주행차의 안전기준이 제정되지 않은 상황에서 이를 일반 국민들의 운송수단으로 사용하는 것이 맞는지, 사고 시 보험제도나 적절한 과실판단 정책들은 마련되어 있는지 등 명확히 답변이 어려운 문제들이 있다. 하지만 역사적으로 볼 때 누구도 가보지 않은 길을 처음으로 가는 혁신의 길목에는 언제나 반복되었던 논란이다.

주요 운송수단이 말이 끄는 '마차'에서 엔진이 있는 '내연기관 자동차'로 바뀌던 1865년, 영국에서는 내연기관 자동차를 규제하는 '붉은 깃발법'을 제정했었다. 자동차는 도심에서 시속 3km 이상의 속도를 낼 수 없으며 그 전방 50m 앞에 붉은 깃발을 든 사람 셋이 걸어가면서 자동차가 온다는 것을 알리도록 해야 한다는 법이다. 혹자는 이를 '규제'라고 비판하지만, 국민의 안전을 우선해야 하는 국가에서는 이 세상에 처음으로 등장한 자동차를 상용화하기 위한 최소한의 대안이었을 것이다. 이후 기술 발전을 통해 내연기관이 확산되고 자동차 산업이 성장하자 1890년대에 들어서 폐지되었다.

역사는 반복되듯이 지금의 시대 또한 과거와 크게 다르지 않다고 생각한다. 자율주행 자동차라는 새로운 패러다임이 이 세상에 등장했고, 이것이 바로 고령화 시대로 진입하는 우리 사회에 이동의 자유를 보장할 유력한 대안이다. 즉, 궁극적으로 우리가 지켜내야 할 것은 규제가 아닌 '국민의 이동권'인 것이기에, 시행착오를 거쳐서라도 자율주행 시대로 나아가기 위한 도전을 계속해 나아가야 할 필요가 있는 것이다.

운전면허를 처음 취득한 운전자가 처음에는 미숙하게 도로를 주행하지만, 주행거리가 늘어나면서 운전 실력 또한 안정화되어 가듯이, 운전자를 대신하는 자율주행 자동차 또한 처음에는 서툴지만, 보행자나 다른 차량의 돌발행동 등 일반도로에서 벌어지는 수많은 엣지 케이스(Edge Case)들을 학습하고 대응법을 개선해 가야만 안정화될 수 있다. 따라서 제조사와 운행사라는 책임 있는 주체가 명확한 대중교통은 자율주행차의 상용화 과정에 거쳐야 할 최적의 대안인 것이다.

요약하면 초고령사회로의 진입은 우리 사회가 나아가고 있는 자연스러운 흐름이고, 이에 따라 야기될 다양한 사회, 경제적 문제 중 기사 인력의 고령화로 인한 감소는 국민의 이동권 보장을 위해 반드시 해결되어야 할 과제이다. 이에 대한 대안으로 자율주행 자동차가 부각되지만 아직 안전기준도 제정되지 않았기에, 실제 이용하는 일반 대중들이 이를 받아들일 수 있는 사회적 수용성의 향상 절차는 반드시 선행되어야 한다. 따라서 대중교통과 물류 분야를 자율주행 자동차의 첫 포문을 여는 영역으로 활용하는 것은 기술의 혁신과 사회적 혁신이 발맞추어 함께 나아가는 바람직한 시도라고 생각한다.

또한, 자동차의 사고는 탑승객에게 영향을 끼칠 뿐 아니라, 보행자와 타 차량 운전자 등 제3의 도로 이용자에게 영향을 끼치기 때문에, 이들이 자율주행 자동차의 공공도로 운행에 대해 수용할 수 있는 측면에서도 사회적 수용성 향상이 필수불가결한 요소이다.

이를 위해서는 상용화를 추진하는 정부뿐만 아니라, 실제 자율주행 자동차가 필요한 구간과 서비스에 대한 시민단체와 운수업계의 의견 수렴도 중요한 요소이다. 운전 기사가 부족해 대중교통의 불편함을 겪고 있는 구간이라든지, 소외 지역과 같이 소요가 많지 않아 운행이 제한되고 있는 구간이라든지, 대중들의 불편함을 해소하고 삶의 질을 향상해 줄 수 있는 영역부터 자연스럽게 자율주행 기술이 녹아든다면, 그것이야말로 사회적 수용성을 자연스럽게 향상시킬 수 있는 바람직한 방안이 될 것이라 생각한다.

또한, 기업을 중심으로 보더라도, 국제적으로 모든 분야에서 ESG 경영은 이제 필수 전략으로 자리 잡아가고 있다. 기업들의 ESG 경영전략은 곧 그 회사의 중장기 비전이며 주주에게 기업 평가의 척도가 되어가는 추세로 기업 가치에도 큰 영향을 미치고 있다. 과거 소비자들이 기업의 수익과 제품을 중점으로 기업을 평가했다면 이제는 기업이 이윤을 창출하는 방식과 지속가능성에 그 초점이 이동하고 있다.

이러한 측면에서 자율주행 자동차는, 미래 모빌리티의 변혁의 중점이 될 핵심 기술일 뿐만 아니라 지속가능한 사회를 이루어나갈 핵심 대안이 될 것이라 예상된다.

초고령사회에서 건강하고 행복하게 늙는 '웰 에이징(Well-aging)'은 시대의 화두이자 모두의 바람이다. 따라서 사회 전체의 측면에서 본다면, 구성원 모두가 나이가 들어도 기본권의 자유가 보장될 수 있는 시스템을 구축하는 것이 사회적 웰 에이징이 아닐까. 자율주행 자동차가 이러한 사회적 웰 에이징의 수단으로 활용되어 모빌리티 패러다임의 전환이라는 대변혁을 부드럽게 끌어내기를 기대해 본다.

7. 자율주행 자동차의 일자리 전망

프로스트앤설리번의 2019년 자율주행 시장 동향 분석보고서에 따르면, 2030년에는 버스의 50%, 택시의 25%가 자율주행 자동차로 운행될 것으로 전망하고 있다. 자율주행 관련 법 제도를 선제적으로 정비하고 있는 독일과 일본의 법제 동향에서도, 레벨4 자율주행 자동차 시장은 대중교통과 물류 시장을 중심으로 시작되고 성장할 것이라 전망하고 있다. 즉, 우리의 삶에서 레벨4 자율주행 자동차의 상용화를 체감할 수 있는 건 대중교통과 물류 영역이다.

(1) 대중교통 영역에서의 일자리와 시장 전망

대중교통 영역에서는 운전 기사의 부족난으로 운행이 원활하게 되지 않고 있는 구간에서부터 자율주행 기술이 적용될 것으로 예상된다. 2018년 12월 국무총리 주재 국정현안점검조정회의에 따르면, 현행 노선을 유지하기 위해서는 15,720명의 기사가 필요할 정도로 버스 기사 부족은 이미 사회 문제가 된 지 오래다.

지방과 심야 시간대로 가면 상황은 더 심각해지는데, 이미 서울 시내에서는 매일 밤 심야버스 부족과 택시 부족으로 교통 대란이 현실화되었으며, 지방 또한 소외 지역의 증가로 노선 폐지와 운행 단축이 증가하고, 이는 지역 주민들의 통근제한으로 이어져 지역 경제와 교육 여건에도 악영향을 주고 있다. 이에 인력 부족과 운영 시간에 구애받지 않는 자율주행 버스의 수요는 선택이 아닌 필수일 수밖에 없는 것이다. 즉, 항간에서 말하는 AI가 사람의 일자리를 빼앗는다는 개념이 아니라, 사람이 부족한 부분을 채워주는 보완재 개념으로 기술의 발전이 우리의 삶에 긍정적 효과를 가져올 것으로 보인다.

더욱이 레벨4 자율주행 자동차가 상용화된다고 해서 곧바로 무인 자율주행이 가능한 것은 아니다. 99% 안전성이 확보되더라도 1%의 변수를 무시할 수 없는 것이 바로 자동차 안전이기 때문에, 자율주행 자동차 안에는 만약의 사태를 대비한 안전관리자(Safety Operator)가 한동안 필요할 것으로 예상된다.

이는 글로벌 기업들의 사례에서도 볼 수 있는데, 미국과 중국의 대표 자율 기업으로 평가받는 웨이모와 크루즈, 바이두 모두 안전관리자의 배치를 운전석 → 보조석 → 무인화 수준으로 단계별로 이동하였다. 또한, 무인화 서비스 시작 이후에도 안전관리자를 원격 모니터링 요원으로 활용하여 만약의 사태에 대응할 수 있도록 대비하고 있다. 즉, 자율주행시대에 Driver라는 직업은 사라지는 것이 아니라 Safety Operator로 새롭게 '변화'하는 모습으로 자리할 것이라 예상된다.

(2) 물류 영역에서의 일자리와 시장 전망

물류 영역 또한 레벨4 자율주행 기술이 상용화되는 구간은 모든 물류이동 구간이 아니라 중간 물류거점과 다른 중간 물류거점을 이어주는 구간, 즉, 미들마일(Middle Mile)에서부터 시작될 것으로 예상된다. 지난 2022년 10월 세계적 물류업체인 아마존(Amazon)이 배달로봇사업인 '스카우트' 사업을 중단하겠다고 발표한 사례에서 볼 수 있듯이, 고객과 맞닿는 라스트마일(Last Mile)의 무인화는 아직 상용화되기까지 시간이 더 소요될 것으로 보인다. 따라서 레벨4 자율주행 자동차의 상용화는 구간이 정해져 있고, 새벽배송과 같이 시간대가 정해져 변수가 적은 미들마일 구간이 중심이 될 것으로 보이며, 이 또한 대중교통과 같이 수요가 있으나 공급지 적은 부분을 대체해 줄 것으로 예상되고 있다.

또한, 수요와 규제 측면에서도 물류 영역은 자율주행 상용화에 적합한 시장으로 판단된다. 첫 번째로 수요 측면에서 본다면, 화물 운수 시장은 인당 생산성이 높지 않은 영세하고 노동집약적이기 때문에 부가가치를 높여주는 전략이 매우 중요한 시장이다.

특히, 최근 10년 동안 유통과 물류가 결합된 새로운 운송 서비스가 늘어나면서 라스트마일 운송시장은 10조 원 규모를 돌파하였고, 코로나19 이후 택배 물동량은 전년 대비 10% 이상의 성장률을 보이며 빠르게 확대되고 있다.

반면, 운전에 의한 과로, 경유값 폭등, 안전 문제 등으로 화물 기사들은 점차 기피 산업군으로 분류되고 고령화가 가속되면서 기사 부족 문제가 가시화되고 있다. 한국교통연구원의 '화물운송시장 동향 조사'에 따르면, 화물차 운수종사자의 평균연령은 50대 중후반에 이르고 있어 고령화에 따라 이러한 문제는 더욱 심화될 것으로 보인다. 따라서 자율주행 배송의 도입은 이러한 시장의 환경을 개선할 수 있는 좋은 대안이 될 수 있을 것으로 보인다.

규제 측면에서 보더라도 안전운임제, 일몰제, 지입제, 주행시간 규제 등 운전자 주체가 '사람'이기에 발생하고 있는 현재의 다양한 문제들은 AI 운전자의 도입으로 단번에 해소할 수가 있을 것으로 기대된다. 따라서 시장의 근본적인 구조와 체질 개선을 위한 대안으로 자율주행 기술의 도입과 적용이 요구될 수 있는 것이다.

정리해 보면, 자율주행 자동차는 우리의 삶과 밀접하게 맞닿아 있는 대중교통과 물류 등의 일상은 물론, 일하는 방식, 심지어는 산업 전반에 커다란 변화를 불러올 것이라 예측되고 있다. 그만큼 미래 사회에서의 자율주행 자동차가 맡는 역할은 더욱 커질 것으로 보인다. 자율주행은

머나먼 미래의 이야기가 아니다. 기술과 제도 그리고 사회에 함께 손잡고 안착시킬 자율주행 상용화 사회의 모습이 하루빨리 현실로 다가오길 기대해 본다.

참고문헌

- Viktor Mayer-Schönberger, Kenneth Cukier, 「Big Data: A Revolution That Will Transform How We Live, Work, and Think」, 2013.
- 김영기, 유민상 등, 「모빌리티 혁명」, 브레인플랫폼, 2023.
- McKinsey & Company, 「Monetizing car data: New service business opportunities for OEMs,」, 2016.
- Boston Consulting Group, 「Revolutionary Change is Coming to the Automotive Industry」, 2016.
- 대한민국 국토교통부, 「미래를 향한 멈추지 않는 혁신, 모빌리티 혁신 로드맵」, 2022.
- Minsang Yu, 「Development of management strategy through analysis of adoption intention and influence factors of autonomous vehicles (Focusing on value-based adoption models)」, Doctoral dissertation, Swiss School of Business and Management Geneva, 2021.
- 서은비, 김휘강, 「자율 주행 차량의 In-Vehicle 시스템 관점에서의 공격 시나리오 도출 및 대응 방안 연구」, 2018.
- Frost&Sullivan, 「Automotive Vision 2030」, 2022.
- Werther, W. B. & Chandler, D. 「Strategic corporate social responsibility:Stakeholders in a global environment」 Thousand Oaks, CA: Sage」, 2006.
- 차두원, 이슬아, 「포스트 모빌리티」 위즈덤하우스, 2022.
- IHS Markit, 「Autonomous Vehicle Sales Forecast Update」, 2017.
- International Association of Public Transport (UITP) 「Mobility as a Service (MaaS): A New Paradigm for Mobility」, 2019.
- Guidehouse Insights, 「Guidehouse Insights Leaderboard : Automated Driving Systems」, 2023.
- McKinsey, 「Autonomous Vehicle Adoption - A Guide to Winning the Self-Driving Race」, 2019.

저자소개

유민상 YU MIN SANG

학력

- 성균관대학교 화학공학부 학사 졸업(공과대학 수석 졸업)
- 스위스비즈니스스쿨 경영학과 박사 졸업(경영학과 수석 졸업)

경력

- 현) 오토노머스에이투지 미래전략실 CSO(최고전략책임자)
- 전) 경기대학교 ICT융합학부 겸임교수
- 전) 현대자동차 연구개발기획조정실 책임연구원
- 자율주행자동차 융복합 미래포럼 제도분과 위원
- 미래모빌리티 협력위원회 자율주행분과 부위원장

자격

- ISO 26262 전문가 / ISO 27001 심사관
- TESOL (Anaheim University)
- ICDL Lecturer (International Computer Driving License Asscociation)
- TRIZ LV2 (International TRIZ Assocation)
- 창업지도사 1급

저서

- 『AI시대 ESG 경영전략』, 브레인플랫폼, 2023. (공저)
- 『창업경영 컨설팅 방법론 및 사례』, 브레인플랫폼, 2023. (공저)
- 『미래 유망 일자리 전망』, 브레인플랫폼, 2023. (공저)
- 『모빌리티 혁명』, 브레인플랫폼, 2023. (공저)
- 『자율주행 실도로 실증서비스 및 안전운영 방안에 관한 연구』, 경기연구원, 2022. (공저)
- 『Development of management strategy through analysis of adoption intention and influence factors of autonomous vehicles (Focusing on value-based adoption models)』, Swiss School of Business and Management Geneva, 2021.

수상

- 산업부장관 표창 / 자율주행 산업 생태계 육성 유공(2022)
- 국무총리 표창 / 자율주행 산업발전 및 혁신 유공(2021)
- 자동차안전연구대상 / 학술적 업적을 통한 자동차 기술발전 및 정책수립(2021)
- 경제부총리 표창 / 자율주행 혁신성장 정책 제안(2020)
- 국회입법조사처장상 / 자동차 신기술을 활용한 입법정책 제안(2019)

건강한 경제적 자유

초판 1쇄 발행 2024년 06월 05일

지은이 김영기, 김주성, 박근영, 이가원, 이상린, 김동현, 유민상
펴낸이 김영기

펴낸곳 브레인플랫폼(주)
주소 서울특별시 서초구 법원로3길 19, 2층 (서초동)
등록 2019년 01월 15일 제2019-000020호
이메일 iprcom@naver.com

ISBN 979-11-91436-33-4 13320

* 이 책은 저작권법에 따라 보호를 받는 저작물이므로 무단전재 및 복제를 금지하며,
이 책 내용의 전부 및 일부를 이용하려면 반드시 저작권자와 브레인플랫폼(주)의
서면동의를 받아야 합니다.

* 잘못된 책은 구입하신 서점에서 바꾸어 드립니다.